孩子最爱问的十万个为什么·自然：

江河湖海

孙维茹　编著

黄河水利出版社
·郑州·

图书在版编目(CIP)数据

江河湖海/孙维茹编著．—郑州：黄河水利出版社，2019.1

(孩子最爱问的十万个为什么．自然)

ISBN 978-7-5509-2280-8

Ⅰ.①江…　Ⅱ.①孙…　Ⅲ.①水—世界—青少年读物　Ⅳ.①K918.4-49

中国版本图书馆CIP数据核字(2019)第031458号

出版发行：黄河水利出版社

社　　址：河南省郑州市顺河路黄委会综合楼14层

电　　话：0371-66026940　　邮政编码：450003

网　　址：http://www.yrcp.com

印　　刷：三河市人民印务有限公司

开　　本：787mm×1092mm　1/16

印　　张：9

字　　数：166千字

版　　次：2019年1月第2版　2021年8月第2次印刷

定　　价：39.90元

前 言

本书以简明易懂的语言，介绍了江河湖海知识，为广大青少年构建起一座有关江河湖海知识的宝库，在一定程度上满足了广大青少年的求知欲和好奇心。

全书由以下部分构成：江河篇、湖泊篇、海洋篇。

在江河篇，介绍了世界上著名河流的相关知识，如：长江伴随人类经历了哪些发展阶段？长江最著名的两种珍稀动物是什么？澜沧江发源于何地？钱塘潮的成因和特点是什么？古代亚马孙河曾倒流？为什么亚马孙河被誉为"生命王国"？世界上都有哪些神奇的大河？尼罗河为什么会变色？恒河水真的有那么神奇吗？等等。

在湖泊篇，介绍了世界上湖泊的相关知识，如：世界上都有哪些奇异的湖泊？在"世界寒极"的南极竟然存在不冻湖？为什么尼尔斯湖被称为杀人湖？为什么贝加尔湖如此奇异？我国最大的淡水湖和湖泊是哪个？鄱阳湖有何奇妙之处？青海湖里都有哪些鸟儿栖息？淡水湖之最都在哪里？湖水为什么有咸有淡？湖中湖、湖下湖、五层湖是怎么回事？会变色的湖是怎么回事？为什么有的湖能呼风唤雨？等等。

在海洋篇,介绍了海洋的相关知识,如:为什么会形成潮汐现象?海底冷光是怎么一回事?世界上主要的大海湾有哪些?海洋能资源有哪些?海水中有哪些资源?等等。

本书语言通俗易懂,叙述生动有趣,介绍的科学知识准确翔实,会让孩子们喜欢阅读,并且会对江河湖海知识产生浓厚的兴趣。相信本书能够帮助他们增长知识,开阔视野,为他们打开一扇了解江河湖海的窗口,成为他们了解自然世界的最佳读物。

编　者

2018年9月于北京

目 录

江河篇

湖泊篇

海 洋 篇

江河篇

长江伴随着人类经历了哪些发展阶段

长江是中国第一大河，亚洲第一长河，世界第三长河。长江全长6397千米。发源于青藏高原唐古拉山的主峰各拉丹冬雪山。长江是世界第三长河，仅次于非洲的尼罗河与南美洲的亚马孙河，水量也是世界第三。总面积1808500平方千米（不包括淮河流域），约占全国土地总面积的1/5，和黄河一起并称为“母亲河”。

东晋王羲之和孙绰是较早用“长江”之名的。王羲之写信给殷浩说：“今军破于外，资竭于内，保淮之志非复所及，莫过还保长江！”（《晋书·王羲之传》）；孙绰上疏曰：“天祚未革，中宗龙飞，非惟信顺协于天人而已，实赖万里长江画而守之耳。”

长江流域为人类居住时间最长的地区之一。在安徽省江北发现了直立人化石，数处包含人类遗迹的遗址，尤其是在太湖周围，也已被发现。虽然中国政治史多以华北和黄河流域为中心，但是长江地区却以其农业潜力对历代王朝始终具有重大的经济意义。大运河就是建来用以从长江流域向北方的大都市运送粮食的主要渠道。

长江上游除成都平原外，东至三峡地区，西北至甘孜、阿坝境内，西南至安宁河、雅砻江流域，均有遗址发现，初步统计约数十处。其中最著名的属巫山大溪文化遗址，经1959年和1975年两次发掘，共发掘墓葬214座。出土器物有石斧、石镜、石凿、网坠、鱼钩、箭链、纺轮等生产工具，釜、罐、曲腹杯、碗等生活用具，还有耳坠、抉等装饰品，代表了新石器时期从中期到晚期3个不同的发展阶段。

长江中游的新石器时代遗址几乎遍布江汉地区，尤以江汉平原分布为密，仅湖北已发现的新石器时代遗址就有450多处，经发掘和试掘的有60多处，多集中分布在汉江中下游和长江中游交汇的江汉平原上。早、中、晚期文化特征都具备的屈家岭文化，以薄如蛋壳的小型彩陶器、彩陶纺轮、交圈足豆等为主要特征，此外，还出土有大量的稻谷及动物遗骸，畜牧业也得到相应发展。饲养的动物种类增多，并已有了渔业。该文化的影响范围甚广。

位于长江中游的江西万年仙人洞、吊桶环遗址，有着从旧石器时代晚期过渡到新石器时代早期完整而清晰的地层堆积。特别是20世纪90年代，中美合作农业考古，在遗址新石器早期地层中，发现了距今1万年前的水稻栽培稻植硅石，把世界水稻栽培种植的历史提前了几千年，成为目前已知世界最早的水稻栽培稻起源地之一。同时，该地层中还发现了距今17000年前发展有序的大量原始陶片，是目前世界已知的最早原始制陶的发源地。

长江下游的新石器时代文化序列以河姆渡文化、马家洪文化和良渚文化为代表。位于杭州湾附近浙江余姚的河姆渡文化遗址发现于1973年，曾先后两次被发掘，出土的约7000件珍贵文物中，有成堆稻谷、稻壳遗存，出土的大量“骨耜”，证明已脱离“火耕”，开始用“骨耜”翻地；此外，还出土了大片木构建筑，已出现的榫卯，是迄今已知最早的“干栏式”木构建筑。

20世纪50年代，在长江流域陆续发现了一批殷商文化遗址。在四川新繁水观音遗址的出土文物中说明“蜀”与殷商中期有密切的文化交流，为以后的科学考察奠定了基础。

长江中游湖北黄陂盘龙城遗址是已发现的长江流域第一座商代古城，距今3500多年。城邑和宫殿遗址壮观齐全，遗址、遗物、遗骸中明显反映了奴隶社会的阶级分群。属于商晚期的大冶铜绿山古铜矿是我国现已发现的年代最早、规模最大而且保存最好的古铜矿。江西清江的吴城遗址是长江下游重要的商代遗址。1989年江西新干出土的大量商代的青铜器、玉器、陶器,距今约3200多年,具明显的南方特色。这些遗存对于了解至今仍较为模糊的长江流域商代文化,具有很高的科学价值。

长江最著名的两种珍稀动物是什么

1.扬子鳄

扬子鳄生活在淡水里,主要分布在我国安徽、浙江、江西等地的局部地区。它既是古老的,又是现在生存数量非常稀少、世界上濒临灭绝的爬行动物。爬行动物曾称霸于中生代,那时,地球是它们的天下。后来因为环境变化,恐龙等许多爬行动物不能适应而绝灭了;而扬子鳄等爬行动物却一直延续到今天。在扬子鳄身上，至今还可以找到早先恐龙类爬行动物的许多特征。所以，人们称扬子鳄为“活化石”。扬子鳄生活在水边的芦苇或竹林地带，以鱼、蛙、田螺和河蚌等作为食物。但有时会袭击家禽和破坏庄稼，加上它长相“丑陋”，长期以来被认为是有害动物而被捕杀，所以数量稀少。扬子鳄长约2米，背部暗褐色，腹部灰色，皮肤上覆盖着大的角质鳞片。每年10月就钻进洞穴中冬眠，到第二年4、5月才出来活动。它以卵繁殖，6月交配，一般7、8月产卵，幼鳄9月出壳。扬子鳄为我国特产动物。现在，人们研究恐龙时，除了根据恐龙化石以外，也常常以扬子鳄等爬行动物去推断恐龙的生活习性。因此，扬子鳄对于人们研究古代爬行动物的兴衰和研究古地质学和生物的进化，都有重要意义。我国已经把扬子鳄列为国家一类保护动物，严禁捕杀。为了使这种珍贵动物的种族能够延续下去，我国还在安徽、浙江等地建立了扬子鳄的自然保护区和人工养殖场。

2. 中华鲟

中华鲟是我国特有的古老珍稀鱼类。远在公元前1千多年的周代，就把中华鲟称为王鲔鱼。它的吻尖突，口小无牙，身体呈椭圆筒形。口前有四条触须，用来搜寻水底的无脊椎动物、小鱼和其他食物。中华鲟鱼是大型洄游性鱼类。它们生在江河里，长在海洋中，在那里成长、发育，成熟期需9～12年。完全成熟后，再迁移到我国浅海地区进入河口，在那里栖息。秋季，顺长江逆流而上，直至长江上游的金沙江一带产卵繁殖。幼鱼孵出后，便跟随着亲鱼远征，向河口、海洋游去。中华鲟鱼的寿命很长，可活一二百年。鱼体可长达2米以上，雌鱼体重约二三百千克。中华鲟肉质肥美，卵可制鱼子酱，是珍贵食品；鳔和脊索可制鱼胶，所以过去一直遭到过度捕捞。许多水利工程由于忽视生态平衡，也使这种鱼类生存的自然资源遭受严重影响。现在，中华鲟鱼有濒临灭绝的危险，因此要求严加保护。

金沙江大拐弯是怎么产生的

金沙江是长江的上游，它和怒江、澜沧江等大河一样，发源于青藏高原的东北部，然后几乎彼此平行地一齐向南流淌，在青藏高原的东侧切成几列深邃的平行河谷。而在河谷与河谷之间，就是一条条大致平行的高山，这就是我国有名的横断山脉。在这三条河流中，金沙江最靠东边。起初，金沙江也是由北向南流的，可是当流到云南省境内的石鼓村北时，江流突然折转向东，而后又转而向北，在只有几千米路的距离内，差不多来了一个180°的大拐弯。金沙江流过石鼓村以后，坡度骤然加大，江水在只有几十米宽的深谷中呼啸奔腾。江两岸，一边是玉龙雪山，一边是哈巴雪山，从江底到峰顶高差3000多米，形成世界上最壮丽的峡谷，这段峡谷就是大名鼎鼎的“虎跳峡”。

千百年来，万里长江第一弯曾使许多到过这里的旅行者迷惑不解，就是世世代代居住在江边的居民们也弄不清这到底是怎样形成的。世界上所有的河流都是弯弯曲曲的。河流弯曲的原因主要是由于河水对两岸的侵蚀不同所造成的，因此河流总是在地球大地上划出一条条十分平滑和缓的曲线。但是，也有一些特殊的情况。有的河流在它的流程中，可能会产生十分突然的拐弯，金沙江上的大拐弯就是其中最典型的例子，因此有“万

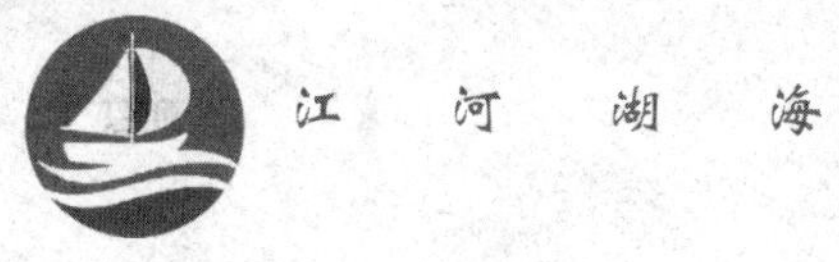

里长江第一弯”之称。

科学工作者通过对金沙江的河流形态进行深入研究，提出了下面一些推断。

一种比较流行的看法是，从前金沙江并没有今天的大拐弯，而是和怒江、澜沧江等一起并肩南流。就在金沙江与它的伙伴们一起南流的时候，在它东面不远的地方，还有一条河流由西向东不停地流淌着，我们不妨叫它“古长江”。急湍的古长江水不断地侵蚀着脚下的岩石，也不断地向西伸展着。时间一长，终于有那么一天，古长江与古金沙江相遇了。它们相遇的地点就在石鼓村附近。

想想看，两条大河相遇会发生什么情况呢？俗话说：“人往高处走，水往低处流。”古长江地势比起古金沙江要低得多，滔滔的金沙江水受到古长江谷地的吸引，自然掉头向东。于是，金沙江就成了长江的一部分。这种现象，在地貌学上有一个名词，叫“河流袭夺”。河流袭夺这个词起得非常生动。一条本来流得好好的河流，竟然被另一条毫不相干的河拦腰斩断，把它掠夺到自己的怀抱里。

“河流袭夺”说还有一个有力的证据，那就是在今天的金沙江石鼓大拐

弯的南方，也就是人们认为的当年金沙江流过的地方，还真的有一条小小河流——漾濞江。漾濞江的源头与石鼓的距离也不很远，那里还有一条宽阔的低地。这里虽然没有河流，可是仍然是一种河谷的形态。袭夺说的支持者们认为，古金沙江被古长江袭夺以后，江水虽然被古长江袭夺而去，但是，当年的河谷还在，并且在古金沙江的下方，仍然残存着一条小河——漾濞江，那也是古金沙江的遗迹。

也有人不同意这种看法。他们认为，这里根本就没有发生过古长江与金沙江相互连通的河流袭夺事件，今天的金沙江之所以会发生这样奇怪的拐弯，只不过与当地的地壳断裂有关。他们发现，在石鼓以下的虎跳峡是沿着一条很大的断层发育起来的。金沙江在它流淌的过程中，碰巧遇到这条断层，河流不得不来了一个大拐弯。

澜沧江发源于何地

澜沧江经西双版纳流出境外。在西双版纳的流程为158千米。古时傣族称“南兰章”，意为“百万大象繁衍的河流”。当地有这样的说法：“到云南不到西双版纳，不算到过云南；到西双版纳不乘船游览澜沧江，则不算到过

西双版纳;乘船游澜沧江观赏橄榄坝风光,就感受不到傣家村寨的美景”。因为景洪至橄榄坝一段自然风光和人文景观,是西双版纳最完美的缩影。

澜沧江源区,河网纵横,水流杂乱,湖沼密布。杂曲河流经的地区有险滩、深谷、原始林区、平川,这里地形复杂,冰峰高耸,沼泽遍布,景致万千。澜沧江源区气候,具有寒冷、干燥、风大、辐射强、冷季漫长、无绝对无霜期等特点。年平均气温一般在-6.0~-4.0℃之间,但大部分地区在0℃以下,降水分布由东南向西北递减,流经的东部年平均降水量在500毫米以上,西部年降水量在250毫米左右。年内降水分布具有冷季少,暖季多的特点。

通过我国科技工作者的科学考证,扎阿曲为澜沧江源头,它发源于青藏高原唐古拉山北麓的采莫赛东部,行政隶属玉树州杂多县扎青乡。

黑龙江是怎么得名的

黑龙江因河水含腐殖质多,水色发黑而得名。在中国古代文献中,黑龙江有黑水、弱水、乌桓河等诸多别称,公元13世纪成书的《辽史》第一次以“黑龙江”来称呼这条河流。满语音“萨哈连乌拉”,其中“萨哈连”意为“黑”,“乌拉”意为“水”。蒙古语则称“哈拉穆连”。俄文音“阿穆尔”或“阿母”,成为世界上大多数国家认同的名称。

另外还有一种民间说法:

在中国的最北方,有一条著名的大江,叫黑龙江。传说,在很早以前,这条江不叫黑龙江,而叫白龙江,那是因为江里住着一条凶恶的白龙。后来,为什么又叫黑龙江了呢?说起来话就长了。

很久以前,在山东住着一户姓李的人家,只有兄妹二人。一天,哥哥出远门了,妹妹李姐到海边洗衣服,因为天气太热,她不知不觉在海滩上睡着了。醒来后,她感到肚子很疼,忙收拾起衣服回家了。

谁知李姐的肚子一天天大起来,第二年的春天忽然生下一条小黑龙。李姐虽然很害怕,但毕竟是自己的孩子呀。她给小黑龙喂奶,小黑龙吃饱了就不见了。以后,小黑龙每天晚上都回来吃奶,吃饱了就出去。

不久,李姐的哥哥回来了,知道了这件事后,他偷偷地藏起了一把刀。晚上小黑龙又回来吃奶了,他突然举起刀狠狠地向小黑龙砍去。只见一道火光闪过,屋里"轰"地一声,小黑龙飞出去不见了,地上只留下了一段被砍下的龙尾巴。李姐心疼地哭了起来。

因为小黑龙生在李家,又被舅舅砍断了尾巴,所以大家都叫它"秃尾巴老李"。

秃尾巴老李被舅舅砍伤以后,不知跑到哪里去了,很久都没有消息。

又是一年的春天。一天,住在江边的老船夫正在做饭,忽然走过来一个穿黑衣的小伙子,他想在老船夫的草棚里借宿一夜。老船夫很喜欢这个又黑又壮的年轻人,连忙说:"住下吧,等我做好饭,咱们一起吃。"

第二天小伙子要出去办事,老船夫约他晚上还回来住。小伙子答应了一声,就顺着江边向东走了。

本来天气很好,可小伙子走了不久,只见东边山上的天空阴云密布,雷鸣电闪。太阳快要落山的时候,东边的天空仍然一会儿黑,一会儿白。忽然,一团云落在江面,黑云也不见了。

天快黑了,老船夫又开始做饭。他想,小伙子昨天把我准备吃三天的饭都吃掉了,今天出去了一天,不吃饱怎么行呢?于是他做了更多的饭菜等小伙子回来。

黑小伙子回来以后,一口气又把饭全吃光了。晚上临睡前,老船夫见小伙子一直叹气,就安慰他不要发愁,还说他明天可以再去买米,这江边住

的人也都会帮助他的。小伙子却说:“一顿饭吃饱容易,顿顿吃饱难啊。”说着说着,老船夫迷迷糊糊快要睡着了。忽然他听见有人在他耳边说:“我是一条黑龙,家住在山东,人们都叫我秃尾巴老李。自从被舅舅砍了一刀后,一直住在东海。我常常听到北方有哭声,后来才知道是白龙江里的白龙作怪,它年年兴风作浪,淹死百姓,冲走庄稼。今天,我在东山和白龙打了一仗,把白龙打败了,他让我明天中午再战。白龙的家在这里,它饿了有吃的;我是从远处来的,饿了没吃的,怎么能打败它呢?这就得求您帮助我。明天中午我和白龙打仗时,您站在东山顶上,见到江里黑水翻上来,就往江里扔吃的;看见白水翻上来,就往江里扔石头。这样,我就可以把白龙赶走了。

老船夫听到这里,猛地坐起来,只见窗外天已经亮了,黑小伙也不知去向了。他走出草棚,看见附近的伐木工人们都在议论纷纷,原来,他们都做了和老船夫一样的梦。于是,大家决定一起帮助秃尾巴老李。他们蒸了好多大馒头,又准备了许多石头和石灰,一同上了东山。

中午刚过,天忽然阴了起来,只见江面上黑白两股水搅在了一起,发出“呼啦呼啦”的巨响。大家看见黑水翻了上来,就连忙扔吃的,高喊:“秃尾巴老李,我们早来了。”看见白水翻上来,就把一筐筐石头扔下去,骂道:“凶恶的白龙,快滚开!”经过一阵厮杀,忽然一股白烟腾起,一会儿就消散了。江面上,黑色的江水平静地向东流去。

那天晚上,黑小伙没有回到老船夫那里去。第二天一早,老船夫正要去南山开荒,一开门,黑小伙站在门外,笑嘻嘻地说:“您歇歇,我去吧。”说完就走了。

老船夫忽然想到,小伙子没有带工具,就拿起镐头送到了南山,他见一条没尾巴的黑龙正用头上的角推倒大树,已经开出了一大片荒地。老船夫想,这一定是秃尾巴老李了,就悄悄地回去了。

黑小伙回来后,知道老人已经看出来了他本来的样子,就说:“以后我不再来了。那块地你种点儿菜,剩下的让大家种庄稼吧,告诉大家,以后我来管这条江,再不让江水伤害老百姓了。大家什么时候有困难,就来找我吧。”说完,黑小伙就不见了。

人们为了纪念为民除害的“秃尾巴老李”,就把这条江的名字改成了“黑龙江”。

钱塘潮的成因和特点是什么

我国历史上,最著名的涌潮有三处:山东青州涌潮、广陵涛和钱塘潮。

钱塘潮比广陵涛出现的时间晚一些,至迟在东汉就已形成。王充《论衡·书虚篇》提到“浙江、山阴江、上虞江皆有涛”。又说当时钱唐浙江“皆立子胥之庙,盖欲慰其恨心,止其猛涛也”。但是,王充只说“广陵曲江有涛,文人赋之”,没有说赋钱塘江潮。可见,东汉时,钱塘潮远没有广陵涛出名。估计,当时还未形成钱塘观潮风俗。

“八月十八潮,壮观天下无。”这是北宋大诗人苏东坡咏赞钱塘秋潮的千古名句。千百年来,钱塘江以其奇特卓绝的江潮,不知倾倒了多少游人看客。

那么,钱塘潮是怎么形成的呢?

第一,天时。农历八月十六日至十八日,太阳、月球、地球几乎在一条直线上,所以这天海水受到的引力最大。

第二,地利。跟钱塘江口状似喇叭形有关。钱塘江南岸赭山以东近50万亩围垦大地像半岛似的挡住江口,使钱塘江赭山至外十二工段酷似肚大口小的瓶子,潮水易进难退,杭州湾外口宽达100千米,到外十二工段仅宽几千米,江口东段河床又突然上升,滩高水浅。当大量潮水从钱塘江口涌进来时,由于江面迅速缩小,使潮水来不及均匀上升,就只好后浪推前浪,层层相叠。其次还跟钱塘江水下多沉沙有关,这些沉沙对潮流起阻挡和摩擦的作用,使潮水前坡变陡,速度减缓,从而形成一浪叠一浪涌。

第三,风势。沿海一带常刮东南风,风向与潮水方向大体一致,助长了潮势。

越来越受人们喜爱的钱塘潮又有什么特点呢?

1. 交叉潮

距杭州湾55千米有一个叫大缺口的地方是观看十字交叉潮的绝佳地点。由于长期的泥沙淤积,在江中形成一沙洲,将从杭州湾传来的潮波分成两股,即东潮和南潮,两股潮头在绕过沙洲后,就像两兄弟一样交叉相抱,形成变化多端、壮观异常的交叉潮,呈现出“海面雷霆聚,江心瀑布横”的壮观景象。两股潮在相碰的瞬间,激起一股水柱,高达数丈,浪花飞溅,惊心动魄。待到水柱落回江面,两股潮头已经呈十字形展现在江面上,并迅速向西奔驰。同时交叉点像雪崩似的迅速朝北转移,撞在顺直的海塘上,激起一团巨大的水花,跌落在塘顶上,吓得观潮人纷纷尖叫着避开。

2. 一线潮

未见潮影,先闻潮声。耳边传来轰隆隆的巨响,江面仍是风平浪静。响声越来越大,犹如擂起万面战鼓,震耳欲聋。远处,雾蒙蒙的江面出现一条白线,迅速西移,犹如“素练横江,漫漫平沙起白虹”。再近,白线变成了一堵水墙，逐渐升高，“欲识潮头高几许，越山横在浪花中”。随着一堵白墙的迅速向前推移，涌潮来到眼前，有万马奔腾之势，雷霆万钧之力，锐不可当。

一线潮并非只有盐官才有。凡江道顺直，没有沙州的地方，潮头均呈一线，但都不如盐官好看。原因是盐官位于河槽宽度向上游急剧收缩之后的不远处，东、南两股潮交汇后刚好成一直线，潮能集中，潮头特别高，通常为1~2米，有时可达3米以上。气势磅礴，潮景壮观。

3. 回头潮

从盐官逆流而上的潮水，将到达下一个观潮景点——老盐仓。老盐仓的地理环境不同于盐官，盐官河道顺直，涌潮毫无阻挡地向西挺进，而老盐仓的河道上，出于围垦和保护海塘的需要，建有一条长达660米的拦河沙坝，咆哮而来的潮水遇到障碍后将被反射折回，在那里它猛烈撞击对面的堤坝，然后以泰山压顶之势翻卷回头，落到西进的急流上，形成一排“雪山”，风驰电掣地向东回奔，声如狮吼，惊天动地，这就是回头潮。

钱塘江大潮，白天有白天波澜壮阔的气势，晚上有晚上的诗情画意；看潮是一种乐趣，听潮是一种遐想。难怪有人说：“钱塘郭里看潮人，直到白头看不足。”

为什么钱塘秋潮如此壮观而又如此准时呢

这是许多人很自然会想到的问题。对此，有一个传说是这样说的：春秋战国时期，在今江苏、安徽一带有一个吴国，吴王夫差打败了今浙江一带的越国。越王勾践表面上向吴国称臣，暗中却卧薪尝胆，准备复国。此事被吴国大臣伍子胥察觉，多次劝说吴王杀掉勾践。由于有奸臣在吴王面前屡进谗言，诋毁伍子胥。吴王奸忠不分，反而赐剑让伍子胥自刎，并将其尸首煮烂，装入皮囊，抛入钱塘江中。伍子胥死后9年，越王勾践在大夫文种的策划下，果然灭掉了吴国。但越王也较信传言，迫使文种伏剑自刎。伍子胥与文种这两个敌国功臣，虽然分居钱塘江两岸，各保其主，但下场一样，同命相连。他们的不满和郁恨，化作滔天巨浪，掀起了钱塘怒潮。

当然，传说不过是传说而已。钱塘秋潮如此之盛的原因，主要是其独特的地理条件。

钱塘江外杭州湾，外宽内窄，外深内浅，是一个非常典型的喇叭状海湾。出海口江面宽达100千米，往西到澉浦，江面骤缩到20千米。到海宁盐官镇一带时，江面只有3千米宽。起潮时，宽深的湾口，一下子吞进大量

海水，由于江面迅速收缩变窄变浅，夺路上涌的潮水来不及均匀上升，便都后浪推前浪，一浪更比一浪高。到大夹山附近，又遇水下巨大拦门沙坝，潮水一拥而上，掀起高耸惊人的巨涛，形成陡立的水墙，酿成初起的潮峰。

是不是所有喇叭状的海湾都能产生涌潮呢

回答是否定的。海宁大潮的形成，还有一些其他原因。浙江沿海一带，夏秋之交，东南风盛行，风向与潮波涌进方向大体一致，风助潮势，推波助澜；潮波的传播在深水中快，在浅水中慢，钱塘江由深变浅的特点极为突出，这种特殊条件，能使层层巨浪叠加，形成潮头。

此外，潮涌与月亮、太阳的引力也有关。东汉思想家王充在《论衡》中说："涛之起也，随月盛衰，小大满损不齐同。"因为在农历每月初一和十五前后，太阳、月亮和地球排列在一条线上，太阳和月亮的引力合在一起吸引着地球表面的海水，所以每月初一和十五的潮汐就特别大，而农历八月十八前后，是一年中地球离太阳最近、引力最大的时候，此时出现的涌潮，自然也就最猛烈。

钱江潮为什么特别大

世界上有涌潮的河流很多，如南美的亚马孙河、北美的科罗拉多河、法国的塞纳河、英国的塞汶河等，但钱塘江涌潮的强度和壮观的现象，除亚马孙河外，其他河流均无法与之媲美。亚马孙河的涌潮强度与钱塘江虽可一比，但钱塘江河口江道摆动频繁，涌潮潮景变化万千。因此钱江潮可说是独占鳌头，无与伦比。

为什么钱塘江大潮特别汹涌和巨大呢？喇叭形的河口是原因之一。杭州湾外的江面宽度约100千米，往里则急剧收缩，到距湾口90千米的钱塘江口的海盐澉浦时，宽度只有20千米，而杭州市区的河宽仅1千米左右。当大量潮水涌进狭窄的河道时，水面就会迅速地壅高。又由于这里的河底有大量的泥沙淤积形成沙坎，进入湾口的潮波遇到沙坎，水深减小，阻力增大，前坡变陡，后坡相应变缓。当前坡陡到一定程度后，前锋水面明显涌起，从而形成涌潮，甚至翻出浪花。

不过世界上有好些江河的河口，也是外大内窄、外深内浅，为什么没有像钱塘江大潮那样汹涌澎湃呢？原来高潮的出现与河水流动的速度也有关系，当潮水涌来时，它的前进方向是和河水流动的方向相反的。中秋前后，钱塘江河口的河水流速与潮水流速几乎相等，力量相等的河水与潮水一碰撞，就激起了巨大的潮头。另外，浙北沿海一带，夏秋之交常吹东南风或东风，风向与潮水方向大体一致，也助长了它的声势。总之，钱塘江大潮的形成是受天文和地理(包括河口形状、河床地貌、水文等)因素综合的影响。

古代亚马孙河曾倒流

发源于秘鲁安第斯山脉的亚马孙河，横贯南美洲，从西向东注入大西洋，是世界流域面积最大的河流。

不过，据报道，美国北卡罗来纳大学的科学家们最新研究发现，亚马逊河在1亿年前时，却是从东向西流的；有一段时间甚至是从中间分别向西、向东流。

南美洲中部发现来自东部高地的沉积物，与亚马逊河现今流向不相符。

“唯一的解释就是，亚马孙河曾经从东向西流。”美国北卡罗来纳大学研究生拉塞尔·梅普斯说。

据此，科学家们结合以前的发现推测，白垩纪(1.35亿年前~0.65亿年前)时期，地球上海陆分布和生物界急剧变化、大西洋迅速开裂，火山活动频繁。大约就在1.3亿年左右，南美大陆与非洲大陆发生分裂，这一地质活动导致南美洲东海岸出现一系列突起的高地，致使亚马孙河东部翘起，河水和沉积物向南美大陆中西部流去。

此后，南美大陆中部出现一条垂直褶皱，形成一系列被称为“普鲁斯拱门”的小山脉。山脊将亚马孙河从中分开，致使一半的河水向东流注入大西洋，而另外一半向西流向太平洋。

白垩纪结束后（6500万年前），在太平洋板块的俯冲作用下，南美大陆西部的安第斯山脉急剧隆起，南美洲西端抬升，亚马孙河于是向东倒流。被亚马孙河水侵蚀的安第斯山脉沉积物，也开始在安第斯山脉和拱门之间沉淀。最后，亚马孙河水逐渐冲破普鲁斯拱门，注入大西洋。

亚马孙河的流向已发生过三次突变，且规模巨大，专家称确切原因尚不清楚。

此前的研究也显示，在过去的某些时期，亚马孙河的某些河段曾出现过倒流现象，实际上，亚马孙河整条河流的方向也曾发生过改变。

北卡罗来纳大学地质学家德鲁·科尔曼说：“导致亚马孙河发生如此巨变的确切原因目前还不清楚，但是很明显这种变化十分突然，规模也十分巨大。”梅普斯也说：“尽管亚马孙河看起来年代十分久远，也从来没发生过什么改变。但实际上，自从白垩纪中期以来，它已经发生三次流向改变。”

为什么亚马孙河被誉为“生命王国”

亚马逊河是拉丁美洲人民的骄傲。它浩浩荡荡，千回百转，蜿蜒流经秘鲁、巴西、玻利维亚、厄瓜多尔、哥伦比亚和委内瑞拉等国，滋润着800万平方公里的广袤土地，孕育了世界最大的热带雨林，使亚马孙河流域成为世界上公认的最神秘的“生命王国”。

亚马孙流域植物种类之多居全球之冠。许多大树高60多米，遮天蔽日，故旱地森林的地面光秃秃，只有一层腐烂的枝叶。涝地森林则情况迥异，灌木和乔木有板状基根，帮助维生。树冠由高至低分层，各层充满生机。葛藤、兰花、凤梨科植物争相攀附高枝生长，其间栖息着猴子、树懒、蜂鸟、金刚鹦鹉、巨大蝴蝶和无数蝙蝠。

亚马孙河水中生活着凯门鳄、淡水龟，以及水栖哺乳类动物如海牛、淡水海豚等。陆地生活着美洲虎、细腰猫、西(貊)、貘、水豚、犰狳等。另有2500种鱼，以及1600多种鸟。亚马孙森蚺是当今世界上最大的蛇，最长可达10米，重达225千克以上，粗如成年男子的躯干；但一般森蚺长度在5.5米以下。森蚺生性喜水，通常栖息在泥岸或者浅水中，捕食水鸟、龟、水豚、貘等，有时甚至吞吃长达两米半的凯门鳄。

就像亚马孙雨林一样，亚马孙河蕴育了各种生命，这使得南美洲比世界上任何一块大陆上的鱼类物种都要多。据估计，迄今为止亚马孙河与其支流至少拥有2000个淡水鱼类物种，这个数字是美国、加拿大和墨西哥鱼类物种总和的2倍。

一些科学家开始探测亚马孙河的深度，他们在河上撒网希望了解水中的情况。随着一网一网的收获，地球上最长的热带河流亚马孙河渐渐地掀起了它神秘的面纱。科学家们看到了他们以前从未见过的生物，包括通体透明的鲇鱼和专吃同类尾巴的电鱼。

亚马孙河含泥量很高，人的视线只能达到水下几十厘米的地方，6米以下是漆黑一团。研究人员说这可以解释为什么电鱼和鲇鱼能够不靠光线生活在黑暗的河底。电鱼不用视觉可以到处游动捕捉食物，它依靠电的器官在身体周围产生电场，以此来判断方位，寻找猎物。鲇鱼同样也能感受到电，此外，它们的身上布满了味蕾，用其他感觉代替视觉。伦德伯说最不可思议的事情是亚马孙河里有两种电鱼专吃其他电鱼的尾巴。当研究人员对这些鱼进行检查时，看到这些鱼的腹中塞满了电鱼尾巴。电鱼具有使自己身体各部位迅速再生的能力，这样，它们的食物来源有了充足的保证。

研究人员曾经捕捉到一条体型极小而且通体透明的鲇鱼。这条即将产卵的鲇鱼体长只有0.84厘米——成年鱼中身体最小的一项世界纪录。它虽然身体极小，眼睛也看不见，且全身透明，但是并不像我们想象的那么脆弱，它的骨骼非常结实，而且身体两侧部位也很坚硬。幅员辽阔的亚马孙河，还会带给我们更多的惊喜。相信在科学技术发展的今天，必定会有越来越多的新物种被发现。

世界上都有哪些神奇的大河

甜河——希腊境内的奥尔马加河是希腊半岛北部斯河的支流，全长80千米，河水的甜度相当于蔗糖的75%左右，甜河的形成是因为河库的土层中含有很浓的原糖结晶体的缘故。这条河水尽管是甜的，人们却不敢当糖水喝，而用来灌溉农作物却能获得丰收。

酸河——哥伦比亚东部的雷欧维拉力河，它不仅味酸，刺激性也强，约含8%的硫酸和5%的盐酸。河水的酸性是火山爆发时排出的燃烧物和硫酸与盐等，经由河床穴道渗入河中所致，故又被称为“谋杀河”。

香河——西非安哥拉的勒尼达河全长6千米，水香浓郁，距离河流百里都能感到奇香扑鼻。香河的成因，有人认为是河底生有很多植物，能够在水中开花，花的香味散发出来溶于水中，也有人认为是河底的泥沙含有香味。但真正的原因，现在还不清楚。

悬河——我国黄河流经河南孟津，便进入了辽阔的大平原。这里的河段，河床高出河岸平地3～4米，甚至10米以上。从大堤下仰望黄河，有悬在空中的感觉。

变色河——西班牙的廷托河，上流河水为翠绿色，因为它流经含有绿色原料的硫矿区，流入谷地后，河水被染成棕色和玫瑰色，因河中植物大量繁殖，再往下流经一处沙地最后汇聚成湖泊时，又变成了红色。

睡觉河——智利东北的巴流镇有条小河长约8千米，在中段约1.2千米长的地方，当地人叫它“睡觉河”。如果有人进入这个河段，包括河两岸，只需停留片刻，就会觉得昏昏沉沉，倒地酣睡。因为小河两岸长满了一种黄色小叶的野菊花，这种花能散出使人神经麻痹的香味，人只要闻上4分钟，就会进入梦乡。这种花只是能使人被催眠而无大害。但是，当人晕倒后如无人救护，时间长了也会饿死。

音乐河——委内瑞拉东部有条奇妙的河，河流被许多岩洞中的怪石阻隔，分成无数细流，穿过近300米长、宽窄不一的奇特岩层时，由于水速快慢不同，于是发出宛如交响乐般的壮丽声响，故称它为“音乐河”。

倒流河——在我国，地形西高东低，西部是“世界屋脊”青藏高原，东部是低矮的丘陵和平原，因而，我国大部分河流是由西向东流的。然而，在我国青海湖的东南部，就有一条从东向西流“倒淌”的河，长约5000米。

尼罗河为什么会变色

发源于非洲中部的尼罗河，是一条会变色的河。一年中，河水自清澈透明变为绿色，又变为红褐色，最后才恢复其本来面目。这是为什么呢？众所周知，尼罗河是非洲的一条重要河流，是古代埃及文明的发源地。尼罗河的上游分为两端，即白尼罗河与青尼罗河，相汇相融。每年2～5月，是尼罗河的枯水期，河水清澈透明。6月开始，上游的白尼罗河杂带着漂浮的苇草等物流经，于是水色呈绿。到了7月，尼罗河进入了泛滥期，占其流量4/7的青尼罗河此刻水量剧增，大量泥沙使尼罗河呈现出一片红褐色，其中9月的河水最红。到了11月，水位下降，红褐色渐渐消失，尼罗河又回到了

清澈见底的样子。两岸居民的生活及耕作与尼罗河的变色也大有关系。当居民们看到水色的变化,就立即知道河水的动向,及时迁高避洪或播谷耕种。会变色的尼罗河,使两岸的土地成了年年丰收的宝地。

黄河"揭底"现象是怎么回事

从山西省龙门到陕西省潼关之间的黄河,每过七八年就会发生一种奇异的现象——夏秋洪水能将河底数米厚的泥皮揭起冲走,沿河群众和治黄科技人员把这种现象叫做"揭底"。

黄河"揭底"现象早已有之。从20世纪40年代末到80年代末有记录的几次中,最大的一次发生在1964年,滔滔的洪水一下子把河东的10万亩滩地全部卷走。"揭底"时掀起的河床泥皮平均高出水面3~5米,每立方米洪水中含有900多千克泥沙。

我国科学工作者把这种现象称做"黄河的自我调整",而外国科学工作者称之为"世界河流之奇观"。由于这段河道能够自己为自己疏通,因而使

几个有名的古老渡口如龙门、大禹和风陵渡一直沿用至今。

黄河自龙门到潼关段的河道全长132.5千米，又称“小北干流”。整个河床南北走向，呈纺锤形状。北部龙门和南部潼关都是著名的狭关险谷，河宽仅数百米，纺锤状的中部河宽达19千米。这段河流南北落差大，上游上百条支流把大量泥沙带入河道，在此沉积，河床淤积严重。

每过七八年出现的“揭底”奇景，都发生在7、8、9三个月。“揭底”前河道中出现片片因泥沙淤积而形成的沙洲，河床较以往抬高，河道散乱。这时，如果天降暴雨，出现每秒800立方米以上的大洪水，数小时后，“揭底”现象便随之发生。河中数米厚的泥皮像墙一样直立起来，很快又被洪水吞没卷走，河面上泥皮此起彼伏，满河开花，水声震耳欲聋。持续一段时间，洪水就冲出一条数米深的河床，浩浩荡荡地奔向大海。

我国有些科学工作者认为，“揭底”现象可能与这段河床的形状有关，但目前缺乏确凿的科学证据。黄河“揭底”现象至今还是一个未解之谜。

“送子河”有何神奇之处

额尔齐斯河位于新疆北部阿尔泰山区的富蕴县可可托海矿区，是我国唯一的一条流入北冰洋的外流河，在我国境内长约500千米。这里不仅矿产资源丰富，树木茂密，牧草丰美，自然景色十分秀丽，而且还蕴藏着一个大自然之谜。

这里的雪水能使鸡、鸭、鹅多产蛋。更有趣的是，长期饮用由雪水汇成的额尔齐斯河水，能治疗不育症。

20世纪50年代，有许多苏联专家在富蕴工作，他们的夫人在莫斯科长期不生育，到这里生活一段时间后，由于常喝额尔齐斯河水都怀了孕，生了孩子。因此，人们就把这条神奇的河称为“送子河”。但“送子河”为什么能使不育者怀孕，至今还没有一种令人信服的解释。

恒河水真的有那么神吗

在印度，酒坛节到来之际，恒河畔的4个大浴场常常汇集众多的佛教徒，有时竟达1000万之众。他们争先恐后地跳入河中沐浴，有的则是投水自杀，想用圣水洗净他们的罪过。

因此，每次盛会都会有许多人死亡，河中漂满了尸体。同时，河上焚尸的火光熊熊燃烧，昼夜不灭，“骨灰”就地倾入河中，这是死者生前的夙愿。由于污染，河水之脏和腐臭程度不可名状。

可是，恒河中极度污染的河水却被虔诚的信徒们当作圣水，一边沐浴一边开怀畅饮。奇怪的是，人们却不会因此而得病。

这引起了科学家的注意，他们检验了恒河河水，发现水质良好，其中的细菌也并不危险。科学家们还有意将可怕的霍乱病菌投入水中观察，却发现它们在极短时间内就消失了。这是为什么呢？有待科学家们进一步研究。

为什么黄河是含沙量最多的河流

世界上含沙量最多的河流是中国第二大河——黄河，它仅次于长江，其干流全长5464千米，流经青海、四川、甘肃、宁夏、陕西、河南及山东等9个省份，整条河流成“几”字形向东注入渤海，它有30多条主要支流，沿途汇集了无数溪川，其流域面积广阔，达到了75万平方千米。由于其流经的甘肃、宁夏、绥远等地多为黄土高原地区，许多支流挟带大量泥沙汇入黄河，使河水呈黄色，并成为世界上含沙量最多的河流之一，“黄河”这一名称就是因此而得名的。

源流段和上游段的黄河河道最曲折，中游段次之，而下游段则笔直。河水从兰州到潼关绕流一个长方形的三边，从而形成约2000千米长的河套。黄河下游河道游移不定，河水在山东丘陵以北注入渤海，或在山东丘陵以南经淮海流入黄海，其河道方向的变化可达500千米。

此外，河水挟带大量的泥沙汇入下游，其泥沙总量平均每年超过16亿吨。由于下游段河道坡降平缓，地势低平，造成水流流速减低，大量泥沙在

河床上沉积，平均每年逾4亿吨，其余泥沙则流到河口，冲积成河口三角洲，并导致三角洲向海伸展。平均每年造陆多达20平方千米。

密西西比河为什么被美国人誉为“河流之父”

密西西比河为北美洲河流之冠，与其主要支流加在一起按流域面积计为世界第三大水系(约310万平方千米)。作为高度工业化国家的中央河流大动脉，已成为世界上最繁忙的商业水道之一。这条难以驾驭的河流现流经北美大陆一些最肥沃的农田。密西西比河有两个旁支——东面的俄亥俄河和西面的密苏里河。密西西比河的源头在明尼苏达州的艾塔斯卡湖，最初只是一条细流，蜿蜒向南。

一泻千里、奔腾不息的密西西比河是美国第一大河。它同南美洲的亚马孙河、非洲的尼罗河和中国的长江统称为世界四大长河。美丽富饶的密西西比河发源于美国西部偏北的落基山北段的群山峻岭之中，逶迤千里，曲折蜿蜒，由北向南纵贯美国大平原，注入墨西哥湾，全长3950千米。但是，它比最大的支流密苏里河还短418千米。根据河源唯远的原则，把密苏里河的长度，加上从密苏里河汇入密西西比河河口以下的长度，则得到密西西比河长6262千米，是北美大陆上流程最远、流域面积最广、水量最大的水系。

这条大河滔滔不绝的河水像乳汁一样哺育了密西西比河整个流域的人们。美国人民长期以来称源远流长的密西西比河为“老人河”。它的名称起源于居住在美国北部威斯康星州的阿尔公金人(印第安人的一支)，他们把这条河流的上部叫做“密西西比”。“密西”意为大，“西比”意为河，“密西西比”即“大河”或“河流之父”的意思。

密西西比河滋润着美国大陆41%的土地，水量也比任何其他的美国河流都要多。它同样也是千万的美国人饮用水的来源，流域包括美国31个州和加拿大的2个省的全部或一部分。密西西比河，从开始垦殖的时候起，就是南北航运大动脉。但历史上的密西西比河灾害比较频繁。20世纪初期，中下游地段河水不断发生泛滥，城镇乡村的建筑大部分也被摧毁，农田和果园遭到破坏，工业和交通几乎全部瘫痪。许多人背井离乡，流离失所，经济损失非常严重。1928年美国政府制定了全面整治密西西比河的防洪法案和干支流工程计划，干流中下游河段均以堤坝防洪。经过60多年的努力，流域已收到了防洪、航运、水电、灌溉、养鱼等综合的经济效益。今天，经过美国人民开发建设，半个世纪以来密西西比河流域发生了深刻变化，洪水已被控制，水源也被得到充分利用。

尼罗河为何被誉为非洲主河流之父

“尼罗河”一词最早出现于2000多年前。关于它的来源有两种说法：一是来源于拉丁语“尼罗”，意思是“不可能”。因为尼罗河中下游地区很早以前就有人居住，但是由于瀑布的阻隔，使得中下游地区的人们认为要了解河源是不可能的，故名“尼罗河”。二是认为“尼罗河”一词是由古埃及法老(国王)尼罗斯的名字演化来的。

世界第一长河——尼罗河，非洲主河流之父，位于非洲东北部，是一条国际性的河流。尼罗河发源于赤道南部的东非高原上的布隆迪高地，干流流经布隆迪、卢旺达、坦桑尼亚、乌干达、苏丹和埃及等国，最后注入地中海。干流自卡盖拉河源头至入海口，全长6670千米，是世界流程最长的河流。支流还流经肯尼亚、埃塞俄比亚和刚果（金）、厄立特里亚等国的部分地区。流域面积约335万平方千米，占非洲大陆总面积的1/9，入海口处年平均径流量810亿立方米。所跨纬度从南纬4°～北纬35°之多。

尼罗河是由卡盖拉河、白尼罗河、青尼罗河三条河流汇流而成。尼罗河最下游分成许多汊河流注入地中海，这些汊河流都流向三角洲平原上。三角洲面积约24000平方千米，地势平坦，河渠交织，是古埃及文化的摇篮，也是现代埃及政治、经济、文化的中心。尼罗河下游谷地河三角洲则是人类文明的最早发源地之一，古埃及就诞生在此。至今，埃及仍有96%的人口和绝大部分工农业生产集中在这里。因此，尼罗河被视为埃及的生命线。几千年来，尼罗河每年6~10月定期泛滥。8月河水上涨最高时，淹没了河岸两旁的大片田野，之后人们纷纷迁往高处暂住。10月以后，洪水消退，带来了尼罗河丰沛的土壤。在这些肥沃的土壤上，人们栽培了棉花、小麦、水稻、椰枣等农作物，在干旱的沙漠地区上形成了一条“绿色走廊”。埃及流传着“埃及就是尼罗河，尼罗河就是埃及的母亲”等谚语。尼罗河确实是埃及人民的生命源泉，它为沿岸人民积聚了大量的财富，缔造了古埃及

文明。6700多千米的尼罗河创造了金字塔,创造了古埃及,创造了人类的奇迹。

现今,埃及90%以上的人口均分布在尼罗河沿岸平原和三角洲地区。埃及人称尼罗河是他们的“生命之母”。

埃及是“尼罗河的赠礼”吗

稳定持久的尼罗河文明即古埃及文明,产生与约公元前3000年。埃及位于亚非大陆交界地区,在与苏美尔人的贸易交往中,深受影响,形成了富有自己特色的文明。

尼罗河流域与两河流域不同,它的西面是利比亚沙漠,东面是阿拉伯沙漠,南面是努比亚沙漠和飞流直泻的大瀑布,北面是三角洲地区没有港湾的海岸。在这些自然屏障的怀抱中,古埃及人可以安全地栖息,无须遭受蛮族入侵所带来的恐惧与苦难。

作为“尼罗河赠礼”的埃及,每年尼罗河水的泛滥,都会给河谷披上一层厚厚的淤泥,使河谷区土地极其肥沃,庄稼可以一年三熟。据希腊多德记载:“那里的农夫只需等河水自行泛滥出来,流到田地上灌溉,灌溉后再退回河床,然后每个人把种子撒在自己的土地上,叫猪上去踏进这些种子,以后便只是等待收获了。”在古代埃及,农业始终是最主要的社会经济基础。在如此得天独厚的自然环境和自然条件下,使古埃及的历史比较单纯。从约公元前332年至亚历山大大帝征服埃及为止,共经历了31个王朝。其间虽然经历过内部动乱和短暂的外族入侵,但总的来说政治状况比较稳定。

古埃及的文字最初是一种单纯的象形文字,经过长期的演变,形成了由字母、音符和词组组成的复合象形文字体系。今可见古埃及文字多刻于金字塔、方尖碑、庙宇墙壁和棺椁等一些神圣的地方。埃及盛产的一种植物——纸草,其茎干部切成薄的长条压平晒干,可以用作书写。这种纸草文书有少数流传至今。

字母的出现，约在公元前2500年～前1500年。把声音变成字母这一巨大的进步，是古埃及人完成的。这些字母由埃及人传给地中海东岸（今叙利亚境内）的腓尼基人。作为亚洲文化和欧洲文化中介的腓尼基人，把这些字母演变成真正的音标文字，传到古希腊。这一字母系统，后经希腊人增补元音字母而进一步完备，形成希腊字母。希腊字母又经过一些改进后传遍四方。字母是古埃及人留给西方文明，乃至世界文明的重大文化遗产。

古埃及对天文学和数学所作出的贡献，足以和两河文明相媲美。他们创造了人类历史上最早的太阳历，把一年确定为365天。现在世界上通用的公历，其渊源多来自于此。古埃及人很早就采用了十进制记数法，他们仍然没有“零”的概念。他们的算术主要是加减法，乘除法也化成加减法做。埃及算术最具特色的是，已经初步掌握了分数的概念。在几何学方面，埃及人已知道圆面积的计算方法，但却没有圆周率的概念。他们还能计算矩形、三角形和梯形的面积，以及立方体、箱体和柱体的体积。

埃及的医学成就比美索不达米亚还突出。埃及人制作的木乃伊(经过特殊处理的风干尸体),与他们的金字塔一样,举世闻名。制作木乃伊增长了埃及人的解剖知识,因而使他们的内外科相当发达。他们的医术分工很细,据说每个医生只治一种病。

古埃及人最重要的精神生活是宗教。关心死亡,为来世(特别是国王的来世)作好物质准备,这是埃及宗教信仰的一个主要特征。古埃及的木乃伊和金字塔(坟墓),都与这种宗教信仰有关。埃及人崇拜太阳神,特别是在法老政权强化以后,埃及开始兴起了崇拜太阳神的运动。太阳神拉,后来又叫阿蒙拉,是埃及的最高神,法老(国王)则被视为太阳神的化身。因此,法老始终被认为是神王,没有神圣的法老与世俗的法老之区别。法老既然作为神王,其权力也就被神化,他的话就是法律,因而埃及也就没有什么严密的法律制度。国家对经济生活的绝对控制,也是埃及文明的显著特征之一。

金字塔是埃及建筑艺术的典型代表,也是在国家控制下的埃及劳工最著名的集体劳动成果。金字塔是法老的陵墓,底座呈四方形,越往上越狭窄,至于塔端成为尖顶,形似汉字的“金”字,故中文译为“金字塔”。在欧洲各国语言里,通常称之为“庇拉米斯”,据说在古埃及文中,“庇拉米斯”是“高”的意思。埃及境内现有金字塔七八十座,最为人们所熟悉的是尼罗河下游西岸,吉萨一带的金字塔,此地离埃及首都开罗只有10多千米。其中最大的第四王朝法老胡夫(约公元前2590年—前2568年在位)的金字塔,是古代世界七大奇观中唯一现存的一处古迹。

除金字塔之外,埃及的神庙、殿堂等建筑也颇为宏伟壮观。但埃及的人物雕像显得呆板冷漠,埃及的木乃伊文化也令外人难以理解。总之,埃及文化的特点是神王合一,追求永恒,单一、稳定而保守。相对而言,埃及百姓的生活平庸而满足。但埃及工匠制造奢侈品的技术举世公认。此外,埃及人最早发明了美容品,并发展了制造美容品的技术。

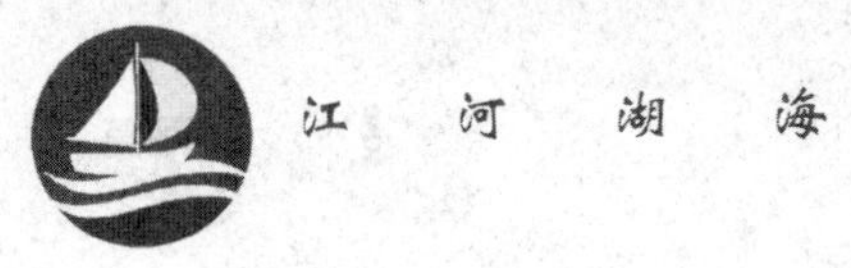

为什么出现尼罗河水资源之争

尼罗河是上源的白、青两条尼罗河在苏丹首都喀土穆汇合后的正式称谓。尼罗河全长6670千米，流经坦桑尼亚、肯尼亚、乌干达、布隆迪、卢旺达、刚果(金)、埃塞俄比亚、厄立特里亚、苏丹和埃及等10个国家，最后注入地中海。

尼罗河流域面积达290万平方千米，是沿岸各国人民生产和生活的宝贵水源，哺育着大约2.5亿人口。

随着尼罗河流域国家的人口增长和工农业的发展，各国对水的需求与日俱增。而目前分配尼罗河水的依据仍然是几十年前的协议。1929年，在当时英国殖民者的提议下，尼罗河流域的9个国家达成了一项赋予埃及和苏丹对尼罗河水拥有优先使用权的协议，而埃塞俄比亚没有加入这项协议。1959年，尼罗河流域国家又对协议进行了部分修改，埃及每年享有555亿立方米的尼罗河水，而苏丹的份额为185亿立方米，其他国家认为协议不公。

曾被称为非洲“水塔”的埃塞俄比亚扼守着青尼罗河的源头，每年从埃塞境内注入尼罗河的水量占尼罗河总水量的86%，因此埃塞要求每年至少分得120亿立方米的河水。而埃及和苏丹不同意埃塞从上游截留河水，认为这将影响下游的生存。由于严重缺水，埃及前总统萨达特曾经说过：“埃及将对任何可能危及青尼罗河水流的行动作出强硬反应，哪怕诉诸战争。”

得益于地理位置、经济实力以及技术和人力优势，埃及在尼罗河上完成了许多大型的水利工程，如举世闻名的阿斯旺水坝和纳赛尔水库。苏丹也在尼罗河上修建了森纳尔、卡欣吉尔拉等一系列水坝，为本国储备水源。而其他一些尼罗河流域国家对尼罗河的开发与使用相对较少或几乎为零。因此，肯尼亚和坦桑尼亚均已出台开发白尼罗河源头维多利亚湖水用于灌溉的计划，布隆迪、坦桑尼亚和乌干达也开始联手开发卡格腊河和维多利亚湖的水源。埃塞俄比亚则认为埃及违反协议，超量取用尼罗河水，也已在其境内的尼罗河上游河段筑坝蓄水，以增加自身的拥水量。因此，长期以来沿河国家在如何合理分配和利用尼罗河水资源的问题上仍争论不休。

印度河只有1/5在印度，为何叫印度河

印度河全长3180千米，是南亚最长的河流，流域面积96万平方千米。它的干流大部分在巴基斯坦境内，只有上游一部分干流和一些支流在印度境内。

既然印度河的大部干分支流都在巴基斯坦，为什么河名却叫做“印度河”呢？这有历史原因。印度和巴基斯坦本是南亚次大陆上的统一国家，后来沦为英国的殖民地。1947年8月15日独立时，“印巴分治”，分为印度和巴基斯坦，河水归两国共同使用。为了避免纠纷，两国在1960年签订了《印度河用水条约》，规定印度使用河水系总水量的1/5，其余归巴基斯坦使用。

印度河流域气候炎热干燥，年平均降雨量不足300毫米，东南部还有大

片沙漠。印度河每年有两次涨水,它的中下游平原灌渠纵横,人口稠密,盛产小麦、棉花和稻米,是巴基斯坦的“粮仓”。

古老的印度河不仅是古代文明的摇篮,而且是现代农业的重要基础。

额尔齐斯河是我国唯一注入北冰洋的河流吗

额尔齐斯河是我国唯一流入北冰洋的河流,源出我国阿尔泰山西南坡,山间两支源头。喀依尔特河和库依尔特河汇合后成为额尔齐斯河,自东南向西北奔流出国,一路上将喀拉额尔齐斯河、克兰河、布尔津河、哈巴河、别列则克河等北岸支流汇入后,流入哈萨克斯坦境内斋桑湖,再向北经俄罗斯的鄂毕河注入北冰洋。全长4248千米,在我国境内546千米,流域面积5.7万平方千米,年径流量多达119亿立方米,水量仅次于伊犁河居新疆第二位,号称新疆第二大河。水中多产鱼,接近边境处河面宽达千米,可通轮船。流域内众多的支流均从干流右岸汇入,形成典型的梳状水系。额尔齐斯河沿岸风光壮美,因而有“银水”之美称。

塞米巴拉金斯克以上为上游,以下至鄂木斯克为中游,鄂木斯克至河口为下游。在俄罗斯和哈萨克斯坦将斋桑泊以上河段称黑额尔齐斯河。

中国把全河统称为额尔齐斯河，而把富蕴与福海两县交界处的支流称为黑额尔齐斯河。

鄂毕河的主流有哪些

鄂毕河是俄罗斯境内大河，为亚洲最大河流之一，世界大河之一，按流量是俄罗斯第三大河，仅次于叶尼塞河和勒拿河。源于阿尔泰山，呈曲线向西、北奔流，穿越西西伯利亚，经鄂毕湾注入北冰洋的喀拉海。

鄂毕河河网密布，支流众多。流域内有大小支流15万条以上。其中，内有1900多条河流，总长度约为180242千米。左岸支流额尔齐斯河长4249千米，流域面积约为1592850平方千米（稍大于鄂毕河在额尔齐斯河汇入之前的中上游流域面积）。全流域约70%的地区由左岸支流排水。从比亚河与卡通河汇合处至托木河合流处为鄂毕河上游，从托木河合流处至额尔齐斯河合流处为鄂毕河中游，从额尔齐斯河合流处至鄂毕湾为鄂毕河下游。

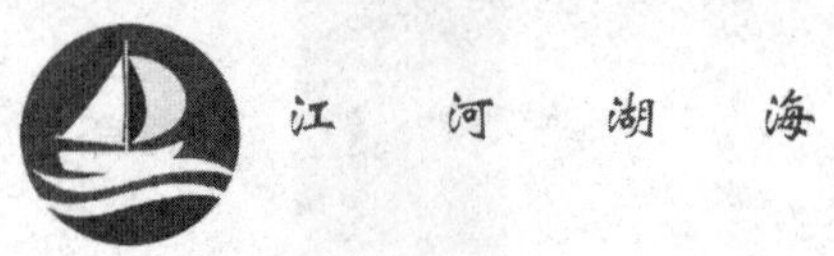

从左岸汇入的较大支流有：卡通河、佩夏纳亚河、阿努伊河、恰雷什河、阿列伊河、舍加尔卡河、恰亚河、帕拉别利河、瓦休甘河、大尤甘河、大萨雷姆河、额尔齐斯河、北索西瓦河、休奇亚河等。

从右岸汇入的较大支流有：比亚河、丘梅什河、伊尼亚河、托木河、丘雷姆河、克季河、特姆河、瓦赫河、特罗姆约甘河、利亚明河、纳济姆河、卡济姆河、波卢伊河等。

卡通河发源于阿尔泰地区卡通山脉的最高峰——别鲁哈峰的南坡，源流从冰河和皑皑白雪中间倾泻而下。河流全长655千米，流域面积为6.09万平方千米。

大尤甘河位于俄罗斯秋明州，发源于瓦休甘沼泽地，流经西伯利亚平原。河长1063千米，流域面积3.47万平方千米。其主要支流有小尤甘河等。流域内大约有8000个湖泊，总面积达545平方千米。河水补给主要为融雪水。10～11月河流封冻，次年4月底～5月初解冻。

额尔齐斯河是鄂毕河最大的支流，发源于中国新疆维吾尔自治区的阿尔泰山南坡，河长4248千米，流域面积164.3万平方千米。其中中国境内河长633千米，流域面积为5.73万平方千米。

托木河全长827千米，流域面积6.12万平方千米，发源于阿巴坎山西坡，在托木斯克附近汇入鄂毕河。河流补给主要依靠融雪。汇口处年平均流量1110立方米/秒，最大流量3960立方米/秒。每年10月或11月初封冻，次年4月下旬或5月上旬解冻。左岸主要支流有姆拉苏河、孔多马河、乌尼加河等；右岸主要支流有乌萨河，上、中、下捷尔西河以及泰栋河等。

丘雷姆河是鄂毕河右岸最大的支流，河长1799千米，流域面积13.4万平方千米。由发源于库兹涅茨阿拉套山东北坡的白伊尤斯河和黑伊尤斯河汇合而成。河流补给主要来自融雪、雨水和地下水。春汛通常开始于4月末，最大流量上游发生在5月初，下游在5月末。丘雷姆河多年平均流量为785立方米/秒，距河口131千米处最大流量为8220立方米/秒，最小流量为108立方米/秒。河流通常在10月初结冰，于次年4月末或5月初解冻。河流年输沙量为210万吨。

克季河发源于鄂毕河—叶尼塞河的分水岭上（海拔200米），河流全长1621千米，流域面积9.42万平方千米。河流的基本流向是自东向西，是一典型的平原河流。19世纪末，克季河通过运河和卡通河与叶尼塞河相通，因此鄂毕河和叶尼塞河之间建立起了联系。距河口236千米处，克季河的年平均流量为502立方米/秒。汛期5～8月，10月下旬封冻，次年4月底或5月初解冻。右岸主要支流有索丘尔河、奥尔洛夫卡河、利西察河等；左岸主要支流有小克季河、缅杰利河、叶洛娃亚河、恰恰姆加河等。

瓦休甘河发源于瓦休甘沼泽，河流全长1082千米，流域面积6.18万平方千米，多年平均流量为381立方米/秒（瑙纳克附近）。河流的主要补给来自融雪和降水。右岸主要支流有纽罗利卡河、奇扎普卡河等；左岸主要支流有切尔塔拉河、亚格利亚赫河等。

瓦赫河发源于鄂毕河、叶尼塞河及塔兹河的分水岭上，河长964千米，流域面积7.67万平方千米，年平均流量504立方米/秒（洛布钦斯克附近）。右岸主要支流有库雷尼戈尔河、萨邦河、科利克耶甘河等；左岸支流有大梅格蒂吉耶甘河等。

北索西瓦河发源于北乌拉尔山东坡，于别列左沃城附近注入鄂毕河。

河流全长720千米,流域面积8.98万平方千米。距河口140千米处的年平均流量为113立方米/秒,最大流量为2210立方米/秒,最小流量为4.48立方米/秒。

哪条河是西亚水量最大的河流

西亚水量最大的河流是底格里斯河。它源于土耳其境内安纳托利亚高原东南部的东托罗斯山南麓,向东南流,经过土耳其东南部城市——迪亚巴克尔后,与叙利亚形成约32千米的界河,直接流入伊拉克境内。此后基本沿扎格罗斯山脉西南侧山麓流动。首先穿越伊拉克北部重要油田——基尔库克油田,并流经本区重要石油化工中心——摩苏尔。此后沿左岸接纳了来自山地的大扎卜河、小扎卜河、迪亚拉河等支流,直抵首都巴格达。自巴格达以下,两岸湖泊成群,沼泽密布,于古尔奈与幼发拉底河汇合,改称“阿拉伯河”,于法奥附近,注入波斯湾。自河源至古尔奈,河长1950千米,流域面积37.5万平方千米,年径流量近400亿立方米。河水主要靠高山融雪和上游春雨补给,每年3月涨水,5月水位最高。因沿山麓流动,沿途支流流程短、汇水快,常使河水暴涨,洪水泛滥,形成沿岸广阔肥沃的冲积平原,是伊拉克重要的灌溉农业区。沿河建有各种水利工程,其中以巴格达西北部的巴迪塔塔水库最为有名。

底格里斯河流域与幼发拉底河流域统称为“两河流域”,是古代文明发祥地之一,至今对世界都有很大的影响。

底格里斯河在5000年前与幼发拉底河是两条分开的河。直到约三四千年前,由于从两河流域带来的泥沙不断在河口的波斯湾沉积,填出土地来,最后使两河下游在伊拉克南部汇合在一起。两河均发源于亚美尼亚高原。幼发拉底河经土耳其、叙利亚进入伊拉克，全长2750千米；底格里斯河经土耳其进入伊拉克，全长1950千米。两河流域面积共104.8万平方千米。两河汇合后长近200千米，河口宽约800米，上半段在伊拉克境内，下半段为伊拉克和伊朗界河。两河中下游河水是美索不达米亚平原的灌溉水源，航运价值主要在底格里斯河。海轮可通航到阿拉伯河畔巴士拉的港口。

俄罗斯最长的河流是哪条河

勒拿河是俄罗斯最长的河流。它位于东西伯利亚，发源于贝加尔山西坡，距贝加尔湖仅7千米，沿中西伯利亚高原东缘曲折北流，注入北冰洋拉普捷夫海。长4400千米，流域面积249万平方千米。主要支流有维季姆河、奥廖克马河、阿尔丹河以及维柳伊河等。

河源段称大勒拿河。从河源到维季姆河入口处为上游，流经高原、山地，河窄岸高，多急流、险滩，具有典型山区河流的特征。从维季姆河河口到阿尔丹河河口为中游，接纳奥廖克马河后，水量大增，河谷展宽，最宽处可达30千米，沿岸形成湖泊和河湾，河谷中有众多小岛，因流经勒拿——阿尔丹高原，个别地段河岸高峻。阿尔丹河河口以下为下游，阿尔丹河和维柳伊河注入后，成为巨大的平原型河流。入海处每年有约1200万吨悬移质泥沙和约4100万吨溶解物质沉淀，形成俄罗斯最大的三角洲，面积约3.2万平方千米，并分出150多条汊流，形成1000多个岛屿。在最短汊流的河口附近建立了季克西港。

河口处年平均流量1.7万立方米/秒，每年入海水量为488立方千米。河水径流补给以冰雪融水为主，雨水次之。主要为春汛，伏汛次之。冬季流量最小。结冰期长达8个月(9月末～翌年6月初)。春汛期的流冰常阻塞河床，使河流水位上升，造成灾害。

勒拿河在西伯利亚大河中为开发程度最差的河流。流域内森林、煤、天然气、铁、金、金刚石、岩盐等资源丰富。水力资源约有4000万千瓦，仅在支流上建有马马卡斯克和维柳伊斯克水电站等。干、支流上则广泛使用浮运木筏，卡丘格以下均可通航，航期为120～160天。是东西伯利亚河运交通的命脉，使雅库茨克南经乌斯季库特与贝加尔—阿穆尔铁路干线相通，北经季克西同北海航线相通。下游渔业发达，主产马克鲟鱼、西伯利亚白鱼、凹目白鱼等。主要河港与经济中心有基廉斯克、奥廖克明斯克、雅库茨克、桑加尔等。

叶尼塞河流域都有哪些居民

柯尔克孜族的先民，史称“鬲昆”、“坚昆”，最初游牧于西伯利亚西部的叶尼塞河上游。公元840年，建立黠嘎斯汗国，唐朝曾封其首领为“英武诚明可汗”。元朝统一其地后，在此建立廉州，称其为“吉利吉斯”，并输送大量工匠和农民帮助他们改变叶尼塞河流域的落后面貌。16~18世纪，沙皇俄国侵占了叶尼塞河吉利吉斯的大片领土，他们被迫迁往大山西部的伊塞克湖地区。大约在明末清初，发展为柯尔克孜族。进入19世纪后，清朝政府更趋腐败衰落，沙俄又乘机强占了我国在中亚地区的大片领土。从此，柯尔克孜族成了一个跨境而居的民族，我国的柯尔克孜族人数较少。全国柯尔克孜族有14万多人，主要分布在新疆，其中克孜勒苏柯尔克孜自治州有11万多人，其余分布在伊犁、塔城、阿克苏和喀什等地区。另外，在黑龙江省富裕县内有数百人，是200多年前清军强制迁往那里的。

目前，叶尼塞河流域居住着多种民族：俄罗斯人、埃文基人、图瓦人、乌克兰人、鞑靼人、哈卡斯人、雅库特人、涅涅茨人等。经济活动北部以渔猎、驯鹿和毛皮养殖为主，并有石墨、煤炭等采矿业；南部有加工业。

叶尼塞河流域的民族是多样的。河流西源（大、小叶尼塞河）附近农村地区以图瓦人为主，但在图瓦首府克孜勒就有相当数量的俄罗斯人与他们融合起来。图瓦以北，俄罗斯的克拉斯诺亚尔斯克地区向北延伸，跨越全流域达喀拉海。其人口由俄罗斯人、乌克兰人、鞑靼人及其他许多原住民民族组成。

为什么说多瑙河是布达佩斯的灵魂

多瑙河在欧洲仅次于伏尔加河，是欧洲第二长河。它发源于德国西南部的黑林山的东坡，自西向东流经奥地利、斯洛伐克、匈牙利、克罗地亚、塞尔维亚、保加利亚等10个国家，在乌克兰中南部注入黑海，是世界上干流流经国家最多的河流。支流廷伸至瑞士、波兰、意大利、波斯尼亚—黑塞哥维那（波黑）、捷克以及斯洛文尼亚、摩尔多瓦7国，最后在罗马尼亚东部的苏利纳注入黑海。

人们说，多瑙河是布达佩斯的灵魂，而布达佩斯是匈牙利的骄傲。踏上这座古城，既可以欣赏到迷人的风光，又可以领略到历史的变迁。

布达佩斯，被称为“多瑙河上的明珠”。它是由西岸的布达和东岸的佩斯两座城市组成，通过多瑙河上8座美丽的桥连为一体。城内许多古迹多建于城堡山。城堡山是面临多瑙河的一片海拔160米的高岗，13世纪时修建的城堡围墙至今仍保存完好。著名的渔人堡，是一座尖塔式建筑，结构

简练，风格古朴素雅。游人可以站在渔人堡的围墙上，欣赏多瑙河上的美景和佩斯的风光。

矗立在多瑙河畔宏伟的匈牙利国会大厦，高90多米，金碧辉煌，两旁有两座用白石镂空挺拔俏丽的高塔，内部装饰富丽堂皇。在四壁上嵌满匈牙利历代皇帝的雕像，千姿百态，充分显示了匈牙利人民的才智，是匈牙利国家的象征。

多瑙河上游最大的城市——累根斯堡，是座美丽无比的城市，这里有古老的教堂、达官贵人的邸宅和备有佳肴美酒的古老酒肆。在累根斯堡，机器制造、电子工业也初具规模。

谁是欧洲的“五海之河”

伏尔加河是欧洲最大的河流，同时也是世界上最大的内流河。作为俄罗斯内河航运干道，它发源于东欧平原西部的瓦尔代丘陵中的湖沼间，流经森林带、森林草原带和草原带，注入里海。在这个流域居住的6450万人，约占俄罗斯人口的43%。它通过伏尔加河—波罗的海运河连接波罗的海，通往北德纳维河水系和白海—波罗的海接通白海，通过伏尔加河—顿河运河与亚速海和黑海沟通，所以有“五海之河”的美称。

伏尔加河是俄国的历史摇篮，被称为俄罗斯人的母亲河。伏尔加盆地占俄罗斯欧洲部分的2/5，居民几乎占俄罗斯联邦全部人口的1/2。伏尔加河巨大的经济、文化和历史的重要性和其河流本身及流经盆地的巨大面积，使其跻身于世界大河之列。

伏尔加河发源于俄罗斯加里宁州奥斯塔什科夫区与瓦尔代丘陵东南的湖泊间，源头海拔228米。自源头向东北流至雷宾斯克转向东南，至古比雪夫折向南，流至伏尔加格勒后，向东南注入里海。河流全长3688千米，流域面积138万平方千米，河口多年平均流量约为8000立方米/秒，年径流量为2540亿立方米。伏尔加河干流总落差256米。在伏尔加格勒以下，由于流经半荒漠和荒漠，水分被蒸发，没有支流汇入，流量降低。伏尔加河河源处海拔仅有228米，而河口处低于海平面28米。从距河源不远的尔热夫算起，往下3000多千米的河段内，总落差仅有190米，因此河水流速缓慢，沙洲、浅滩、牛轭湖、废河道广为分布，是一条典型的平原河流。三角洲面积为1.9万平方千米。

伏尔加河在河口的三角洲上分成80条汊河注入里海。干、支流通航里程3256千米；货运量占全国河运总量的半数以上。主要货流以石油、木材、粮食、机械为主。结冰期为11月末至次年4月。通航期7～9个月。重要河港还有特维尔、雅罗斯拉夫尔、喀山、萨马拉和阿斯特拉罕等。此外，伏尔加河流经俄罗斯13个联邦主体，它们依次是特维尔州、雅罗斯拉夫尔州、科斯特罗马州、伊凡诺夫州、下诺夫哥罗德州、马里共和国、楚瓦什共和国、鞑靼共和国、乌利扬诺夫斯克州、萨马拉州、萨拉托夫州、伏尔加格勒州和阿斯特拉罕州。

湖泊篇

世界上都有哪些奇异的湖泊

火湖——在南美洲的巴哈巴岛上，有一个颇有名气的“火湖”，每至夜间泛舟湖上，用桨搅动湖水，湖水就会闪闪发光，像燃烧的焰火，五光十色。因为这个湖里大量繁殖着甲藻，甲藻含有荧光素，所以在夜间会发出星星点点的光亮。

酸湖——意大利的西西里岛有一个死湖，湖底有两个泉眼，不断喷出强酸，因而使整个湖水变成腐蚀性极强的“酸水”。这种酸水可以杀死一切生命，有人也称它为“酸湖”。

毒湖——俄罗斯的兴顿山里有一个湖泊，人离它四五米时，便会感到恶心、头晕、呼吸困难，如不及时离开，就会窒息而死。其实它是一个含大量水银的湖，蒸发出大量汞气，人接触时间过长就会中毒死亡。

甜湖——在俄罗斯乌拉尔有一个湖，湖水含有甜味，原来这湖的水含碱和氯化钠。如果洗衣服，只要把衣服浸在湖水里揉搓，不必用洗涤剂便能洗得很干净。

黑湖——拉丁美洲的特立尼达岛西部有一个黑湖，整个湖面乌黑一片。原来湖底下石油和天然气源源涌出，并同泥沙混合为沥青所致。这个湖的沥青已开采了100多年，每年可获取10万多吨沥青，估计还可以再开采120年。

白湖——智利的特亚斯柯敦湖湖面似一片白茫茫的浮冰盖在湖上，人称“白湖”。白湖上其实是硼砂，硼砂是一种很有用的矿藏。在伊朗和中亚细亚也有这种白色的硼砂。

悬湖——我国江苏的洪泽湖高踞平原之上，它的湖底比平地高出4～8米，洪水期湖面则比平地高出10余米，故有“悬湖”之称。

沸湖——在加勒比海的多米尼加岛上火山区的山谷中有一个小湖，它长不过90米，深达90米，湖中有间歇性泉眼，停喷时湖水干枯。湖水喷发时地动山摇，烟雾缭绕，热气腾腾，有时还会看到高达两三米的水柱冲天而起，蔚为壮观，故称“沸湖”。

五层湖——巴伦支海的基里奇岛上有个麦其里湖，它有五层水，最下一层水饱含硫化氢，没有生物；第二层呈深红色，有大量细菌；第三层是透明的咸水，有大量海葵、海星等生物；第四层是淡咸水，生活着海蜇及淡水鱼；最上层为标准的淡水。在俄罗斯北部的基尔金岛上，也有个五层湖：最下一层充满硫化氢；二层呈红色，有许多紫细菌；三层是咸水，有小海鱼、海葵等；四层水微咸，有甲壳动物；最上层是淡水，生存着淡水鱼。

湖中湖——吉尔吉斯的伊塞克库尔湖是世界上水位最高的高山地区的湖泊，湖中有湖，在大约2000米深的湖底，发现了另一个矿水湖。矿水中含有氯纳钙酸盐，可以用来治病。而在北美洲阿拉斯加北部的努沃克湖也是一个双层的湖中湖，上层是淡水，生活着淡水鱼；下层是咸水，生活着海鱼和藻类。

五花湖——我国四川南坪境内的九寨沟有一个名叫“五花海”的高原湖泊。湖水五彩缤纷，有碧、紫、黄、黑红、乳白、翠绿等，像一朵朵鲜花，绚丽耀眼。原来是水中溶解的石灰岩化成碳酸钙离子溶液与其他物质混合，在阳光、空气的作用下而形成的五光十色。

漂人湖——秘鲁首都利马附近有一个叫“漂人湖”的咸水湖。湖水盐分很高，密度很大，人跳到湖里绝不会下沉。只要放平身体，可以平平稳稳地躺在水面上晒太阳、看书报。有人曾用湖水煮盐，结果生产出纯度为99%的食盐。

粮仓湖——日本有一个琵琶湖，一年四季水温没有多大变化，日本工程师在湖底筑建了一座粮食仓库。将大米装在不透水的塑料口袋里，放在湖底仓库存放。3年不会变质，更没有鼠虫的危害。

鳄鱼湖——在泰国曼谷东南的北榄府境内有一个鳄鱼湖，占地3.2公顷，场内分池饲养着泰国鳄、非洲鳄、印度鳄、美洲鳄等10种鳄鱼，共3万余条。它不但是一个规模庞大的人工鳄鱼养殖场，也是一个以鳄鱼为中心的著名旅游之地。

隐现湖——在澳大利亚的堪培拉与悉尼之间有一个乔治湖。它每隔一段时间就要消失，过些时候又重新出现，消失和出现有一定的周期性。从1820年至今，乔治湖已消失和复现过5次，最近的一次消失是在1983年。

甜咸湖——印度加普尔的占巴湖，面积208平方千米，一年之中湖水能甜咸互变。从每年10月到第二年5月，湖水中含有浓重的盐分而变成咸味；从6~9湖水里的盐分完全消失，水味变得甘美，适合饮用。这是由于雨季与旱季雨量的多少而造成的。

唤雨湖——在我国台湾省屏东县与台东县交界的崇山峻岭之间，有一个当地人叫“巴油池”的湖泊，人们来到湖边，只要对着湖泊高喊一声，不管当时的天气多么晴朗，甚至烈日当空，云雾也会立即从东面汇集拢来，笼罩湖面，并且带来一阵小雨。不久，云开雾散，雨水停止，太阳又再出现。

南极温水湖——在南极洲的冰洲上，发现了一个温水湖。这个湖被冰川包围着，厚厚的冰层下，水温竟然达到了30℃。正是由于被冰川包围，形成了一潭死水，容易聚热；加上湖上冰层覆盖，如同透镜使太阳光线聚焦，则成为热源。年复一年，从而使这冰天雪地的南极冰川上，生成了奇怪的温水湖。

最浅的湖——在我国西藏北部的羌塘高原上，有一个相当大的马尔果茶卡湖，面积约80平方千米，而它的水深仅为1～3厘米，最深处也只有5.5厘米。整个湖底平整而结实，犹如一个巨大的溜冰场。湖水每升含盐量达318克，为一般海水的10倍。水中含盐量达到饱和之后，盐分逐渐析出，沉淀于湖底，所以湖底平实如水泥地一般。

最大的地下湖——在纳米比亚北部的沙漠地带，发现了一个世界上最大的地下湖，名叫“龙息湖”，位于沙漠中心灌木繁茂的山麓下。那里有一条裂口，穿过漫长而漆黑的地洞，下面就是这个巨大的湖泊，要放下120米缆索才可到达水面，潜到90米深仍未能探到湖底，湖水清澈透明，200米处的东西仍清澈可见。

在“世界寒极”的南极竟然存在不冻湖

素有“白色大陆”之称的南极是一个人迹罕至的冰雪世界。放眼望去，皑皑白雪、银光闪烁，一派冰天雪地的景象。大陆冰层的平均厚度为1880米，有些地方冰厚达4000米以上，被授予“冰雪大陆”的桂冠。南极大陆气候酷寒，年平均气温度仅有-25℃，最低温度达到零下90℃，所以又有“世界寒极”之称。然而，自然界就是这样的奇妙，在这冰天雪地的世界里竟然奇迹般地存在着一个不冻湖——范达湖，这实在令人费解。

这个不冻湖面积有2500多平方千米，最深处达66米，而湖底水温竟高达25℃，与其说是不冻湖，不如说是热水湖。其含盐量为海水的6倍多，并有间歇泉涌出水面。科学家们考察了这个湖的周围，发现它附近不存在类似于火山活动等地质现象。为此他们对这种现象感到莫名其妙。1960年，日本学者鸟居铁经分析测量发现，该湖表面薄冰层下的水温为0℃左右。越往下，水温越高。当到达16米深处时，水温已升至7.7℃，且该温度一直保持到40米深处。在40米以下，水温缓慢上升。到50米深处，水温突然加剧。到66米深的湖底时，水温已升高到25℃，几乎与夏季东海表面水温接近。不冻湖的奇特现象受到科学家们的极度重视，他们对此进行了大量的考察，而且提出了各种各样的看法。

太阳辐射说认为，热湖来自太阳辐射的积蓄。夏天，当强烈的太阳直射湖面，太阳光中的短波光线透过冰层和湖水，把湖底、湖壁烘暖了，剩余的辐射几乎都被底层咸水所吸收、蓄积，湖面的冰层也产生一种“温室效应”,阻止了湖内热量的散发。而氯化钙这类的盐类浓溶液能有效地蓄积太阳热,南极热水湖恰恰就是这种盐类蓄热的巨大的天然装置。但持反对意见者认为,南极夏季日照时间虽然长,但阴天非常多,实际到达地面的辐射能也很少,再说冰面又反射了90%以上的辐射能。在这种情况下,不可能使表面水温升得很高。另外,暖水下沉后,必然使整个水层的水温升高,而不可能仅仅使底层的水温增高。

地热活动说认为,范达湖距罗斯海50千米,而罗斯海附近有活动的默尔本火山和正在喷发的埃里件斯活火山,表明这一带地底岩浆活动是非常剧烈的,岩浆上涌现象很严重,受地热的影响,湖水的温度就会出现上冷下热的现象。这种解释似乎很有道理,可是,“国际南极干谷钻探”计划实施以后,科学家们发现范达湖所在地区中并没有地热活动,这一学说也就宣告失败了。

这样一来,太阳辐射说就比较权威了。这一学说的主力派的代表——美国学者威尔逊和日本学者鸟居铁经过多年的研究,提出了新的论点。他们指出,虽然南极阴天多,地面收到的太阳辐射能很少,但是冰是有一定透明度的,对太阳光也有一定的透射率。这样,表面以下的冰层也或多或少会获得太阳辐射的能量。加上这个地区风特别大,冬天的积雪被风吹走,

积雪层很薄，多为裸露的岩石，使得夏天地面吸收的热量增多，气候较为温暖。日积月累，表层及以下冰层的温度便有所上升，最后到了融化的程度。由于底层盐度较高，密度较大，底层水不会升至表层，结果，就使高温的特性保留了下来。同时，表层水冬天有失热现象，底层水则依靠上面水层的保护，失热微小，因而底层水温特别高。近来，人们观测到底层水温有缓慢升高的趋势，为这一理论提供了有说服力的依据。

持地热说者虽然没有站住脚，但也不同意威尔逊和鸟居铁的说法，认为上述说法有许多想象的成分。例如，几十米厚的冰层究竟能透过多少阳光？这些透过冰层的阳光使冰层融化并使水温升到这样高的程度，有什么科学依据？如果事实真的像威尔逊、鸟居铁所说的那样，那么，类似范达湖这样的湖泊就会有很多，可实际情况并非如此。持地热说者并不甘心自己的失败，他们正在寻求新的论据。看来，争论仍在继续，南极热水湖之谜还有待揭开。对不冻湖的种种猜想，到目前为止还没有一个令人满意和信服的答案。

为什么尼尔斯湖被称为杀人湖

在喀麦隆有30多个高原湖泊，其中，数尼尔斯湖最为著名，它有一个令人谈“湖”色变的绰号——杀人湖。

1988年暮春的一个清晨，西非喀麦隆高原美丽的山坡上，水晶蓝色的尼尔斯湖不知为什么突然变得一片血红，好像一只溃烂而愤怒的红眼睛，痛苦地望着在山坡上玩乐的游人。

人们不约而同地向山下冲去，只见沿坡的草丛里到处躺着死去的牲畜，它们好像是被谁从天上抛下来摔死了。尼尔斯湖畔的村落里，一片死寂，房舍、教堂、牲口棚都完好无损，可是街上没有一个人走动。忐忑不安的游人们结伴进村，想知道这里到底发生了什么意外的事情。更令人触目惊心的景象展现在人们眼前：村民们表情痛苦地躺倒在村舍的门前，看样子已经断气多时了。有几个胆大的美国人跨过村民住房前横七竖八的尸体,进屋去窥探,那里也都是死人。

在离尼尔斯湖较远的地方,人们找到了一些昏迷不醒的垂危者。从幸存者口里,人们知道了惨案发生的经过。昨日傍晚,尼尔斯湖突然一阵隆隆巨响。只见一股幽灵般的圆柱形蒸气从湖中喷射出来,直冲云空,高达80多米。然后,它像一朵烟云注入下面的山谷,同时一阵大风从湖面呼啸而过,夹着使人窒息的恶臭,将这朵烟云推向周遭的小镇。烟云所到之处,所有鲜活的生命都被吞噬了。

事情发生后,世界各国的科学家们纷纷涌到尼尔斯湖畔寻找答案。研究人员在分析尼尔斯湖水样本时,发现水中溶有相当多的气体,其中98%~99%是比空气重一倍半的二氧化碳。而当人们从深水处将某个样品提上水面时,湖面就会像刚打开的汽水那样,嘶嘶作响冒气。

由此,科学家们断言,这是因为山崩或火山爆发时产生的大量二氧化碳慢慢溶解在湖水中,久而久之,尼尔斯湖就成了一个含有大量二氧化碳的“定时炸弹”,稍稍地搅动一下,例如落石、地动、暴风、火山喷发等,都能轻而易举地触发湖水释放气体。当大量二氧化碳云雾下沉到地面时,地面的生命便都窒息而死。科学家的解释似乎是合情合理的,然而这次离奇的“湖泊杀人事件”依然疑雾重重,比如,是什么原因导致尼尔斯湖水突然变成血红色?沿岸的死去的牲畜似乎并不是窒息而死的,它们是从高空跌下、内脏爆裂大出血死亡,那么是谁将它们从高空抛下的呢?这些好像都是“二氧化碳喷发”理论所无法充分解释的。

美国一些科学家认为,多年来,二氧化碳从地球深部的熔岩中释放出,并渐渐溶入湖底深层。由于湖水的压力,气体不易上升到湖面。经过漫长的岁月,深水层的二氧化碳渐渐上升,并且因受到某种激发而迅速涌向湖面,10亿立方米的毒气被放了出来,因而在瞬间酿成了一场毒气喷发致使近2000人死亡的灾难。

无独有偶,在意大利西西里岛上也有一个面积不大的死亡之湖。湖中无任何生物生存,连偶尔失足掉进湖里的动物,也会被湖水杀死。真是名副其实的死亡之湖。

这个死亡之湖的湖底有两个奇怪的泉眼，终年不断地向湖中喷出腐蚀性很强的酸性泉水，使得湖水变成强酸性水，任何生物都会望而却步。

为什么贝加尔湖如此奇异

贝加尔湖是容量最大，最深的淡水湖，被称为“西伯利亚的蓝眼睛”。其位于俄罗斯西伯利亚的南部伊尔库茨克州及布里亚特共和国境内，距蒙古国边界仅111千米，是东亚地区不少民族的发源地。

贝加尔湖湖形狭长弯曲，宛如一弯新月，所以又有“月亮湖”之称。它长636千米，平均宽48千米，最宽79.4千米，面积3.15万平方千米，贝加尔湖湖水澄澈清冽，且稳定透明(透明度达40.8米)，为世界第二。其总蓄水量23600立方千米。贝加尔湖容积巨大的秘密在于其深度，该湖平均水深730米，最深1620米，两侧还有1000~2000米的悬崖峭壁包围着。湖面海拔456米。在贝加尔湖周围，总共有大小336条河流注入湖中，最大的是色楞格河，而从湖中流出的仅有安加拉河，年均流量仅为1870立方米/秒。湖水注入安加拉河的地方，宽约1000米以上，白浪滔天。

湖上风景秀美、景观奇特，湖内物种丰富，是一座集丰富自然资源于一身的宝库。湖中的动植物比世界上任何一个淡水湖里的都多，其中1083种还是世界上独一无二的特有品种。最令科学家感兴趣的是生物的古老性，其中有很多西伯利亚其他淡水湖已绝迹的物种。该湖还是俄罗斯的主要渔场之一。贝加尔湖就其面积而言只居全球第九位，却是世界上最古老的湖泊之一(据考其历史已有2500万年)。

气候比周围地区温和得多。1~2月平均气温-19℃，8月平均11℃。湖面1月结冰，5月解冻。表面水温在8月约为13℃，在湖水浅处达20℃。浪可高达4.6米。湖水清冽，水深40米处清晰可见，矿质和盐分含量很少。

贝加尔湖已存在了2.5万年，在2万多年前中西伯利亚高原南部，由于剧烈的地壳断裂运动，形成了一条狭长而深陷的变形盆地，两侧陡峭的断崖岩高达1000～2000米，盆地积水形成了湖泊，贝加尔湖就这样诞生了。这个神奇无比的蓝色深湖，深藏着变幻莫测、令人费解的无尽的奇异谜团。

贝加尔湖的淡水储量占世界淡水总量的1/5。世界上的一些著名湖泊，水量几乎都是逐年减少，可它却有增无减。整个湖泊以及附近一带寄栖着200多种动物，生长着600多种植物，其中2/3的生物是地球上其他地方几乎没有的，有些生物只有在几万年甚至几亿年前的古老的地层下才能找到与之类似的化石。此外，还有不少生物，要到距离遥远的热带或亚热带的一些地方，才能发现它们的同种或近亲。例如，有种藓虫类动物，它的近亲生活在印度的湖泊里；有种水螅，只有在中国南方的湖泊里才能看到；有种长臂虾，它的同种只有在北美洲的湖泊里才能找到。然而，最令科学家们感兴趣但又费解的是：贝加尔湖中有许多地地道道的海洋生物，如海豹、鲨鱼、海螺、奥木尔鱼等。世界上只有贝加尔湖湖底长着茂密的丛林——海绵，海绵中还生长着外形怪异的龙虾。一般湖泊二三百米以下便很少有生物，但贝加尔湖却是例外，它深处富含氧气，生物种类繁多，甚至在1600米的湖底仍能看到大量生物群。这可能是因为湖面遭受强风吹袭，再

加上每年大量沉入湖底的碎冰带来足够的溶氧，才使湖底充满生机。贝加尔湖内特有的生物含量之丰富令人惊叹。欧洲湖泊中像虾状的扁形虫总共只有11种，而贝加尔湖竟高达335种之多，其中有一种扁形虫长达40厘米，是目前世界上最大的一种，它竟有能力猎食小鱼。贝加尔湖被称为“珍奇的海洋博物馆”。贝加尔湖的湖水并不咸，为什么会有如此众多的海洋生物呢？

对此，科学家们作了种种推测。

最初，中国科学家认为，地质史上贝加尔湖是和大海相连的，海洋生物是从古代的海洋进入贝加尔湖的。苏联科学家维列夏金根据古生物和地质方面的材料推测，中生代侏罗纪时的贝加尔湖以东地区，曾有一个浩瀚的外贝加尔海。后来由于地壳变动，留下内陆湖泊——贝加尔湖，随着雨水、河水的不断加入，咸水变淡，而现在的海洋生物就是当时海退时遗留下来的。到了20世纪50年代，随着钻探技术的进步，在贝加尔湖打了几个很深的钻井。在取上来的岩芯样品中，并没有发现任何中生代的沉积层，只有新生代的沉积层。其他的一些材料也证明，贝加尔湖地区长时间以来一直是陆地，贝加尔湖也是地壳断裂活动而形成的断层湖，从而否定了湖中海洋生物是海退遗种的说法。

贝加尔湖所处的中西伯利亚高原，5亿多年内从未被海水淹没过。经分析，贝加尔湖属于淡水，美国科学家马克·彻林顿归纳了学者们的各种见解，提出了“外来”说，即贝加尔湖的海洋动物是从海而入，并称贝加尔湖为“西伯利亚的神海”。生物学家们推测，贝加尔湖海豹的祖先可能来自相隔甚远的北冰洋，当它们进入叶尼塞河时，逆流游泳2400千米，学会了吃完全不同的食物，在一个异常的环境里生存了下来。从目前地理学角度上来看，只有这一出口能到达海洋。

我国最大的淡水湖和湖泊是哪个

中国最大的淡水湖是鄱阳湖,古称“彭蠡泽”、“彭泽”或“彭湖”,在江西省北部。它汇集赣江、修水、鄱江、信江、抚江等经湖口注入长江。湖盆由地壳陷落不断淤积而成。形似葫芦,南北长110千米,东西宽50~70千米,北部狭窄仅5~15千米。

鄱阳湖通常以都昌和吴城间的松门山为界,分为南北(或东西)两湖。松门山西北为北湖,或称西鄱湖。湖面狭窄,实为一狭长通江港道。松门山东南为南湖,或称东鄱湖,湖面辽阔,是湖区主体。平水位时湖面高于长江水面,湖水北泻长江。经鄱阳湖调节,赣江等河流的洪峰可减弱15%~30%,减轻了长江洪峰对沿岸的威胁。鄱阳湖及其周围的青山湖、象湖、军山湖等数十个大小湖泊湖水温暖,水草丰美,有利于水生生物繁殖。产鱼类100余种,以鲤鱼为主,其次为青、草、鲢、鳙。贝、螺产量也较丰富。滨湖平原盛产水稻、黄麻、大豆、小麦,是江西省主要的农业区。

青海湖是中国最大的咸水湖,也是中国最大的内陆湖。青海湖拥有多项世界之最和中国之最。

青海湖湖水来源主要依赖地表径流和湖面降水补给。入湖的河流有40余条,主要有布哈河、巴戈乌兰河、侧淌河等,其中以布哈河最大。

青海湖古称“西海”,又称“鲜水”或“鲜海”。蒙语称“库库诺尔”,藏语称“错温波”,意为“青色的海”、“蓝色的海洋”。由于青海湖一带早先属于卑禾羌的牧地,所以又叫“卑禾羌海”,汉代也有人称它为“仙海”。从北魏起才更名为“青海”。湖区有大小河流近30条。湖东岸有两个子湖,一名尕海,面积10余平方千米,系咸水;一名耳海,面积4平方千米,为淡水。

不同季节的青海湖,景色迥然不同。夏秋季节,当四周巍巍的群山和西岸辽阔的草原披上绿装的时候,青海湖畔山清水秀,天高气爽,景色十分绮丽。辽阔起伏的千里草原就像是铺上了一层厚厚的绿色的绒毯,那五彩缤纷的野花,把绿色的绒毯点缀的如锦似缎,数不尽的牛羊和膘肥体壮的骢马犹如五彩斑驳的珍珠洒满草原；湖畔大片整齐如画的农田麦浪翻滚，菜花泛金，芳香四溢；那碧波万顷，水天一色的青海湖，好似一泓玻璃琼浆在轻轻荡漾。而寒冷的冬季，当寒流到来的时候，四周群山和草原变得一片枯黄，有时还要披上一层厚厚的银装。每年11月，青海湖便开始结冰，浩瀚碧澄的湖面，冰封玉砌，银装素裹，就像一面巨大的宝镜，在阳光下熠熠闪亮，终日放射着夺目的光辉。

青海湖以盛产湟鱼而闻名，四五月间，鱼群游向附近河流产卵，布哈河口密密麻麻的鱼群铺盖水面，使湖水呈现黄色，鱼儿游动有声，翻腾跳跃，异常壮观。鱼类资源十分丰富。很值得一提的是，这里产的冰鱼也较为著名。每到冬季，青海湖冰封后，人们就会在冰面钻孔捕鱼，水下的鱼儿，在阳光或灯光的诱惑下便自动跳出冰孔，捕其而烹食，味道鲜美。

青海湖中的海心山和鸟岛都是游览胜地。海心山又称“龙驹岛”，面积约1平方千米。岛上岩石嶙峋，景色旖旎，以产龙驹而闻名。鸟岛位于青海湖西部，在流注湖内的第一大河布哈河附近，它的面积只有0.5平方千米，春夏季节栖息着10万多只候鸟。

青海湖不仅是一处富有神奇色彩的游览胜地，也是一个为全世界科学家所注目的巨大宝湖。政府曾对青海湖进行了多次综合考察，发现青海湖里有丰富的矿产资源。

居住在这里的汉、藏、蒙古等各族人民和睦相处，共同保护、开发和建设这浩瀚的宝湖。青海湖的美景吸引着成千上万游人。为了开发正在兴起的高原旅游事业，青海旅游部门在青海湖建立了旅游点。游客到此不仅可以观赏高原牧区风光，还可以乘马骑牦牛，漫游草原，攀登沙丘，或到牧民家里访问，领略藏族牧民风情。牧场还专门为游客扎下各式帐篷，备有奶茶、酥油、炒面和青稞美酒，供游客品尝。

鄱阳湖有何奇妙之处

1.“枯水一线，洪水一片”的自然景观

随水量变化，鄱阳湖水位升降幅度也较大，具有天然调节、蓄洪的功能。由于水位变幅大，所以湖泊面积变化也大。汛期水位上升，湖面陡增，水面辽阔；枯期水位下降，洲滩裸露，水流归槽，湖面仅剩几条蜿蜒曲折的水道。因而，具有“枯水一线，洪水一片”的自然景观。

2.“白鹤世界”、“珍禽王国”

由于受暖湿东南季风的影响，鄱阳湖年降雨量平均1636毫米，从而形成“泽国芳草碧，梅黄烟雨中”的湿润季风型气候，并成为著名的“鱼米之乡”。这里的环境和气候条件均适合候鸟越冬，因此在每年秋末冬初(10月)，从俄罗斯西伯利亚、蒙古、日本、朝鲜以及中国东北、西北等地，飞来成千上万只候鸟，直到翌年春(4月)才逐渐离去。如今，保护区内鸟类已达

300多种,近百万只,其中珍禽50多种,已是世界上最大的鸟类保护区。尤其可喜的是在这里发现了当代世界上最大的白鹤群,2002年越冬种群总数达4000只以上,占全世界白鹤总数的95%以上。因此,鄱阳湖又被称为“白鹤世界”、“珍禽王国”。

青海湖里都有哪些鸟儿栖息

风光绮丽的青海湖中,有一个国内外闻名的鸟岛自然保护区,湖区鸟禽有163种,分属14目35科,总数在16万只以上,其中斑头雁2.13余万只、棕头鸥4.5万余只、鱼鸥8.74万余只、鸬鹚1.12万余只。此外,还有凤头潜鸭、赤麻鸭、普通秋沙鸭、鹊鸭、白眼鸭、斑嘴鸭、针尾鸭、大天鹅、蓑羽鹤、黑颈鹤等。而其中的鸟岛(小西山)和三叉石(孤插山)又最为著名,因为在这聚集着保护区鸟类总数的70%以上。

青海湖地区鸟禽集中栖息和繁殖的鸟屿有鸟岛、海心山、孤插山(三块石)、海西山、沙岛以及泉湾(那尕则滩涂沼泽地)。同时,也是游人们观赏

的景点。

鸟岛，又名小西山或蛋岛（因为蛋遍地而得名），位于布哈河口以北4千米处，岛的东头大，西头窄长，形似蝌蚪，全长1500米。1978年以后北、西、南三面湖底外露与陆地成一片。鸟岛坡度平缓，地表由沙土、石块覆盖。主要植物有白藜、冰草、镰形棘豆、西伯利亚蓼、蒿草、早熟禾等。岛的西南边有几处泉水涌流。

鸟岛自然保护区是青海省对外开放的一个窗口，也是专家学者研究考察高原鸟类的一个重要地点。每年3～4月，从南方迁徙来的雁、鸭、鹤、鸥等候鸟陆续到达青海湖，开始择地营巢；5～6月间鸟蛋遍地，继而幼鸟成群，热闹非凡，数里之外，鸟鸣声可传入耳际；7～8月间，秋高气爽，群鸟翱翔蓝天或游弋湖面；9月底开始南迁。

海心山，位于青海湖中心略偏南，距鸟岛约25千米，岛形长，中部宽而两端窄，南部边缘岩石裸露形成陡崖，东、西、北三面为平缓滩地，岛上大部分为沙土覆盖，生长着冰草、芨芨草、镰形棘豆、蒿草、披针叶黄花、西伯利亚黄精等，植被覆度在50%以上，鸟禽集中在岛的崖边及碎石滩地栖息。

孤插山，又名三块石，位于青海湖西南部，南距湖边8千米，距西北方向的鸟岛20千米。三块石由礁石、碎石滩及沙埂组成，东西长约700米，南北宽约150米。礁石南坡较平缓，北边为陡壁。岛上植被稀少，仅在碎石块间隙生长有灰菜、牛尾蒿等，覆盖度不到5%。这里是青海湖禽鸟聚栖最多的岛屿之一。

海西山又名海西皮，位于布哈河口以北约6千米，与蛋岛同处在布哈河冲积滩地的顶端，两岛南北相距约2千米。岛的东北缘有新层陡崖紧靠湖边，陡崖外有一近似圆形的岩石屹立于湖中，离湖30余米，是鸬鹚的繁殖场所。岛上生长的植物主要有芨芨草、野葱、冰草、早熟禾等，覆盖度在90%以上。

沙岛，位于青海湖东北部，海晏县境内，曾是湖中最大的岛屿，现已成为半岛，表面均由沙砾覆盖，基本无植被，是鱼鸥的栖息繁殖地。

泉湾，那尕则滩涂沼泽地，位于青海湖西南边，主要生长有湿生植物苔草、扁穗草、杉叶藻等。这里有多处泉水涌流形成沼泽湿地,冬季不封冻,人、畜不易进入。近湖岸6~8千米范围内的水草及浮游生物丰富,是青海湖裸鲤幼体生活区,也是众多候鸟、旅鸟的育雏区和栖息地。大天鹅及黑颈鹤等珍禽就生活在这里。

除以上鸟类主要栖息地外,还有湖南岸的一郎剑、二郎剑,湖北岸的沙柳河、泉吉河、哈尔盖河河口一带和布哈河中、下游及其滩涂也是禽鸟栖息、觅食区域。

淡水湖之最都在哪里

淡水湖是指以淡水形式积存在地表上的湖泊,有封闭式和开放式两种。封闭式的淡水湖大多位于高山或内陆区域,没有明显的河川流入和流出。开放式的则可能相当大,湖中有岛屿,并有多条河川流入、流出。淡水湖一般是外流湖,因为水源可以更新补充,淡水湖的盐分很低。

下面让我们来看看淡水湖之最都在哪里?

1.最大的淡水湖群

世界上无与伦比的淡水湖群——五大湖,是分布在美国东北部与加拿大接壤地区五个相连的大湖的总称。它们从上游至下游依次为苏必利尔湖、密歇根湖、休伦湖、伊利湖和安大略湖,总面积达24.52万平方千米,烟波浩渺,一望无际,因而获得了“北美大陆地中海”的称号。除伊利湖外,各湖地均低于海平面,其中安大略湖湖地在海平面以下150米。湖水平均深度为99米,超过北海94米。总蓄水量达24458立方千米,占全世界淡水总量的1/5,相当于北美洲最大河流密西西比河的年径流量的40倍,约占美国湖泊和水库供应的淡水总量的90%。湖面由西向东逐级降低,最后由安大略湖汇经圣劳伦斯河注入大西洋。

2. 世界最大的淡水湖

苏必利尔湖是北美洲五大湖中最西北和最大的一个，也是世界最大的淡水湖之一，是世界上仅次于里海的第二大湖。湖东北面为加拿大，西南面为美国。湖面东西长616千米，南北最宽处257千米，湖面平均海拔180米，水面积82103平方千米，最大深度405米。蓄水量1.2万立方千米。有近200条河流注入湖中，以尼皮贡和圣路易斯河流量最大。湖中的主要岛屿有罗亚尔岛（美国国家公园之一）、阿波斯特尔群岛、米奇皮科滕岛和圣伊尼亚斯岛。沿湖多林地，风景秀丽，人口稀少。苏必利尔湖水质清澈，湖面多风浪，湖区冬寒夏凉。季节性渔猎和旅游为当地娱乐业的主要项目，且蕴藏有多种矿物。有很多天然港湾和人工港口，主要港口有加拿大的桑德贝和美国的塔科尼特等。全年通航期为8个月。该湖1622年为法国探险家所发现，湖名取自法语，意为“上湖”。

3. 世界上蓄水量最大的淡水湖

贝加尔湖是亚欧大陆上最大的淡水湖，也是世界上最深和蓄水量最大的湖。最深处达1620米。总蓄水量为23600立方千米，相当于北美洲五大

湖蓄水量的总和,约占全球淡水湖总蓄水量的1/5。在我国古书上,这里称为“北海”,是我国古代北方少数民族的主要活动地区,汉代苏武牧羊的故事就发生在此处。

湖水为什么有咸有淡

多数湖泊的水,都是河水注入的。江河在流动的过程中,河水把所经过地区的岩石和土壤里的一些盐分溶解了,另外沿途流入河流里来的地下水也带给它一些盐分,当江河流经湖泊时,又会把盐分带给湖泊。如果湖水又从另外的出口继续流出,盐分也跟着流出去了,这样盐分很难集中,所以成为淡水湖。有些湖泊排水非常不方便,而且因气候干燥,蒸发消耗了很多的水分,含盐量便愈来愈高,湖水就会愈来愈咸,成为咸水湖。也有人认为,咸水湖在地质时代里,原是海的一部分,因此湖里的水保留了很多的盐分。还有人说,咸水湖是由结晶岩石经过风化所释放出来的盐分,或者地下水把古代沉积的盐溶解之后带入湖里等原因造成的。

湖中湖、湖下湖、五层湖是怎么回事

加拿大安大略州的休伦湖中,有一大岛,叫马尼图林岛。岛上有个面积达166.42平方千米的马尼图湖,是世界上最大的湖中湖。同时,也是世界上最大的淡水湖岛。马尼图一词,印第安语意为“精灵”,可能土著居民认为湖中有岛,岛上有湖,系“精灵”藏身之地。湖岸有沙滩、砾石滩和悬崖绝壁,风景优美,是休养、娱乐的胜地。

马尼图湖的湖水中除了含有矿盐之外,还富含镁、钾、钠、钙、铁、硅等多种不同的矿物质,湖水的比重达1.06,咸度接近死海,是普通海水咸度的

3.5倍，不仅浮力超强，并且具有消除疲劳与解除肌肉酸痛等功效，所以人们可以享受浮在水面，一边看报纸，一边聊天的乐趣。早在1837年时，在此游牧的印地安人就已发现了马尼图湖的神奇疗效，当时有许多印地安人染上了天花，其中有两人因为病重的走不动了，族人便留下一个小帐篷把他们遗弃在湖边，发着高烧又饥渴的这两位印地安人，挣扎着跳进湖里想要减轻身体的灼热感并想解渴，却发现湖水是咸的，没想到他们连续几天泡在湖水里结果竟然不药而愈，终于追上了族人，于是他们将此湖命名为马尼图，意思是伟大的神灵。

美国阿拉斯加半岛上有个奇异的湖——努乌克湖。湖水分上下两层，上层为淡水，生长着淡水动植物；下层为咸水，生产着海洋动植物。水层间有明显的分界线，其中的生物也各自生活在自己的范围里。造成这奇妙的双层湖的原因是，这两层不同的水来源不同，淡水来自陆地上的冰雪雨水，因此比重轻，浮在上面。咸水是狂风卷起海水涌入湖中的，因海水含盐重大，便沉入下层，形成了努乌克湖的咸淡两味。

据一些地理科学研究者考证认为，这座湖泊原是一个海湾上升而形成的。它的北部是一条狭长的地段，像一个堤坝。冬季由于降雪充足，春天，大量融化后的淡水流入这个地域，因为湖上气候十分寒冷，这些淡水始终不能和咸水相混和，而北面的海水被海上的风暴激起，翻过狭窄的堤坝进入湖里，由于海水的比重较淡水大，结果就都沉到湖的下层去了。更为奇特的是，在这个湖中，不但水分上下两层，而且两层水中的生物也各不相同。上层生活着淡水鱼和植物，与该地区淡水江河中的鱼类和植物完全一样，而下层的生物群与北冰洋中典型的海洋生物群也完全相同。更令人奇怪的是上层的生物与下层的生物互不往来，各自生活在自己的水域中。

在巴伦支海的基里奇岛上，还有个更奇妙的“五层湖”。五层湖每层的水质不同，因而各具自己特有的生物群，构成一个绚丽多彩的湖中世界。

五层湖的第一层（即最上层）为淡水层，这里居住着种类繁多的淡水鱼和其他淡水生物。

第二层则是淡水与咸水相混合的一层，这里生活着海蜇、某些淡水鱼

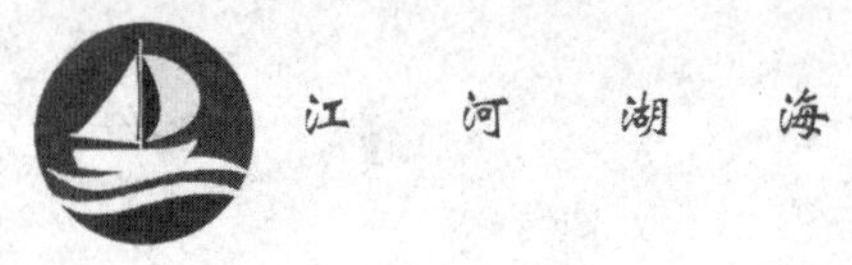

类和一些海洋生物。

第三层的湖水是透明的，这里生活着海葵、海藻、海星、海鲈鱼和鳕鱼。这些生物既不往下一层(即第四层)游也不能往上一层(即第二层)游，因为下一层的湖水中含有能使它们送命的硫化氢，而上一层的水又是微咸的，它们也无法适应。

第四层的湖水呈深红色，这是一种专门吞食由湖底升上来的硫化氢的细菌所造成的。因此，这里没有大的生物，只有以硫化氢为养料的细菌。

第五层也是湖水的最底层，是湖中各种生物的尸体残骸以及粪便等混合而成的泥水。这里饱含着大量的硫化氢，一般生物无法在此层中生存。所以，除在缺氧条件下具有生存能力的厌氧细菌外，便没有其他任何生物了。

为什么沥青湖里的“沥青”挖不完

在拉丁美洲有一个神奇的湖泊叫披奇湖，它坐落在加勒比海上多巴哥的特立尼达岛上，距首都西班牙港约96千米。这个被高原丛林环抱的湖泊，面积达46公顷之多。奇怪的是这个湖没有一滴水，有的却是天然的沥青，因此人们称其“沥青湖”。该湖黝黑发亮，就像一个巨大精致的黑色漆器盆镶嵌在大地上。湖面沥青平坦干硬，不仅可以行人，还可以骑车。湖中央是一块很软很软的地方，在那里，源源不断地涌出沥青来。因此，被人们誉为“沥青湖的母亲”。这个湖的神奇之处还在于湖中沥青“取之不尽，用之不竭”。自1860年以来，人们已不停地开采了100多年，被运走的沥青多达9000万吨，而湖面并未因此而下降，据地质学家考察和研究，该湖至少深100米，如果按每天开采100吨计算，再开采200年也不会采尽，它是目前世界上最大的天然沥青湖。

如此神秘的沥青湖是怎样形成的呢？随着科学技术的发展，这个湖的奥秘终于逐渐被揭开了。现已查明，该沥青湖的形成是由于古代地壳变动，岩层断裂，地下石油和天然气涌溢出来，经长期与泥沙等物化合而变成沥青，以后又不断地在海床上逐渐堆积和硬化，形成了如今的沥青湖。从沥青湖的形成过程，也可反映出该地区的历史演变和发展。在采掘中，人们曾发现古代印第安人使用过的武器及生活用品，还采掘出史前动物的骨骼、牙齿和鸟类化石等。1928年，该湖湖底突然冒出1根4米多高的树干，竖立在沥青湖的中央。几天以后，树干才逐渐倾斜沉没于湖底。有人从树上砍下一断树枝，经科学家们研究考查，发现这棵树的树龄已有5000多年了。

奇怪的盐湖

盐湖是咸水湖的一种，是干旱地区含盐度（以氯化物为主）很高的湖泊。湖水蒸发量大于或至少等于降水量及地面地下水对湖泊的补给量，湖中的氯、硫、镁、钙等浓度很高，含盐量超过24.7‰。我国柴达木盆地蒸发量达2400～2600毫米，为年降水量的30～50倍，形成了很多盐湖，如察尔汗盐湖、茶卡盐湖等。析出的盐类按成因和形态可分为新沉积盐、旧沉积盐和固成盐。固成盐构成盐矿区，是重要的矿物资源，吉尔泰盐池即我国享有盛名的盐湖之一。

青海的盐湖，主要分布在柴达木盆地，这里有察尔汗、茶卡、达布逊、大柴旦、小柴旦等30多个盐湖，湖中含有近万种矿物和40余种化学成分的卤水，是我国无机盐工业的重要宝库。盐类形状十分奇特，有的像璀璨夺目的珍珠，有的像盛开的花朵，有的像水晶，有的像角宝石，因此才有珍珠盐、玻璃盐、钟乳盐、珊瑚盐、水晶盐、雪花盐、蘑菇盐等许多美丽动人的名称。

位于柴达木盆地中部一个面积为1600平方千米的盐湖，盐层5～6米深，其中最深处可达10多米。据估计，盐湖中食盐的储藏量可供我国人民食用5000多年，它是迄今为止我国最大的盐湖。令人惊奇的是，该湖的盐被挖掘以后，新盐又会不断地从湖底冒出来。

“水妖湖”为什么应该是水银湖

在苏联的卡顿山里，隐藏着一个神奇的湖泊。湖面明亮如镜，在阳光照耀下，熠熠生辉，如果仔细观察，人们还能看见那银色的湖面时时升起缕缕微蓝色的轻烟。在这里，环境十分幽雅宁静，湖光山色十分秀美，宛若童话般的仙境。然而,这个美丽的湖泊却笼罩着神秘而又可怕的气氛,人们个个望湖生畏。自古以来,人们称这美丽的湖泊是水妖居住的地方,它常年喷吐着毒气,谁去了谁就会很快被毒死,一旦人或动物掉进湖里,很快就会死去,所以人们称其“神奇的水妖湖”。多少年来,许多人曾想揭开“水妖湖”的神密面纱,可未走近湖畔,人就会感到恶心头晕,流口水,呼吸困难。如不马上离开,就会死去。因此,无人敢冒死前去。据说,后来有一位地质学家带着几个助手,戴上防毒面具对其进行实地勘察,终于解开了“水妖湖”之谜。原来,这个湖根本没有什么水妖,湖水也不是普通的水,而是水银。那银色的湖面,就是硫化汞在阳光下分解生成的金属汞。湖上缕缕微蓝色的轻烟,就是在太阳光照射下的水银蒸气。由于水银蒸气毒性极强,能杀死生物,因此在湖四周的空气中,水银蒸气的浓度很大,凡是人或动物接触久了,就会中毒而死亡。过去,由于科学知识的贫乏,人们迷信水妖作怪。所谓“水妖湖”其实就是“水银湖”。

会变色的湖是怎么回事

在澳大利亚南部,有一个会变色的湖。一年中,它会变出灰、蓝、黑三种不同的颜色。海洋地质学家认为，主要是由于这个湖水里含有大量碳化钙的缘故。冬季气温低，碳化钙沉于湖底，并凝结成晶体，故湖水呈黑色。夏季温度升高，碳化钙结晶体便慢慢由湖底升起，使黑色的湖水变为灰色。秋天时，碳化钙结晶体几乎全部浮在湖面，由于光的折射原理把蔚蓝色的天空映到湖中，因而使湖水由灰色变成蓝色。

真的有会发光的湖吗

在北美洲巴哈马联邦的大巴哈马岛上，有一个会发光的湖。每当夜晚驾船划桨时，船桨便会激起万点“火光”，船的周围也会溅起点点“火花”，船尾则拖着一条“火龙”，偶而鱼儿跃出水面，也会闪出“火星”，远远望去，一片星火，奇趣盎然。最初，有人说这是湖中水怪作祟，也有人说是湖中龙女撒花，还有人说是鱼神巡夜的灯盏。随着科学的发展，会发光的湖的谜底已被揭开。那“火光”、“火花”、“火龙”、“火星”不是人们传说中的水怪作怪、龙女撒花、鱼神掌灯，也不是真正的火，而是湖中大量繁殖的甲藻的作用。因甲藻含有荧光酵素，当水中有船只行驶、划桨、鱼儿游动等搅动时，荧光酵素便会发生氧化作用,而产生五光十色的“火花”。

墨水湖是怎么形成的

在非洲阿尔及利亚的阿必斯场城附近,有一个天然的墨水湖。居住在那里的人们要用墨水,只要拿个瓶子到湖里去装就行了。这个奇特的小湖的湖水跟我们平常使用的墨水一模一样,写在纸上字迹清晰。原来这个湖里的水是由两条小河汇集而成的,经科学家化验分析,其中一条小河的水中含有大量的铁盐化合物,另一条小河里含有大量的腐殖质,当两条小河汇合时,便发生化学变化,而形成天然的墨水湖。

“沸湖”的名字是怎么来的

在加勒比海的多米尼加岛上,有一个神奇的“沸湖”。它是一个长90米、宽60米的小湖,坐落在火山区的山谷中。在湖水满时,从湖底喷上来的水汽高达2米。整个湖面热气腾腾,湖水翻滚,好像一锅煮沸了的开水,沸湖的名称就是这样得来的。此湖水温度很高,可达100℃,一些来此观光的旅游者,只要将生的食物投入湖中,不一会儿就“煮熟”了。有时湖水干了,可以看到在深邃的湖底露出一个圆洞,这就是喷孔。突然间,有一股灼热的水柱伴随着轰鸣声冲天而起,竟高达3米多,形成奇景,极为壮观。地质学家认为,“沸湖”底的一个圆洞是一个巨大的间歇喷泉,这里过去是座火山,地下岩浆离地表较近,当地下水加热后,积聚了一定的压力,就通过岩石的缝隙向地面喷发出来,形成蔚为壮观的自然奇景。

死湖是怎么回事

在意大利的西西里岛上，有一个名副其实的死湖。这个湖里没有任何生物存在，而且在湖的四周寸草不生。原来，这个湖的湖底有两个奇怪的泉眼，日夜不停地向湖中央喷射出腐蚀性很强的酸性泉水，因而人或动物偶然失足掉进湖中，就会立刻死亡。在中美洲危地马拉北部的特哥姆布罗火山中，也有一个可怕的死湖。由于受火山的影响，湖中有一个“沸泉”，使湖水的温度高达80℃以上，而且又含有大量的硫酸，因此任何生物都不能在此湖中存活。

不沉湖如何不沉

在地中海的占依岛上，有一个“不沉湖”。湖水五光十色，终年散发出浓烈的火药味。此湖似乎有一种神奇的魔力，0.45～0.9千克重的石块投入水中，不会沉入湖底，而是浮在水面上，随水漂浮，仿佛轻如纸屑，令人惊奇不已。更有趣的是，在不沉湖里游泳，即使不会游泳的人，也绝对不会淹死。据说有一次，一个不会游泳的胖子，在湖边摄影留念，一不小心掉进了湖中，急得他的太太大呼救命，可是岸上的许多游客不但不救，反而大笑起来，气得这位太太骂他们。可当她看到她的丈夫不但没有沉没，反而轻巧地在水中游起泳来时，便破涕为笑了。据科学家们分析，不沉湖的海水里含有某种矿物质，且在水中占的比重很大，因此人不会沉没。科学家们还发现，用这种水洗澡，能使皮肤变黑发光，具有较好的医疗作用，因此每年到这里来的各国游客不断。

甜湖的湖水真的那么甜吗

在苏联捷良宾斯克州，有一个奇妙的湖泊，因湖中的水是甜的，所以叫它“甜湖”。据说用甜湖水洗衣服，不用肥皂也能搓出泡沫来，能把衣服上的污垢洗干净。当地妇女很少去买肥皂，而喜欢用这里的湖水洗衣服。同时，此水还能治疗风湿病。据苏联科学家化验，甜湖的水呈碱性，水中有大量的苏打和氯化钠的化合物，所以带有甜味，因而才有如此奇妙的作用。

乔治湖为什么会时隐时现

在澳大利亚首都堪培拉与沿海大城市悉尼之间，有一个奇怪的大湖，名叫“乔治湖”。这个奇湖在每隔一段时间就要消失，过些时候又会重新出现，所以又称为“时隐时现的湖”。然而这种消失和出现是有周期性的。尽管科学家们对这一奇怪的自然现象进行了多年的研究，但至今仍未找出令人信服的答案来。

为什么“空湖”会没有鱼

在苏联库滋涅茨克拉套里，有一个连鱼都不愿去的湖，湖里没有一条鱼，被人们称其为“空湖”，也有叫“鱼不去湖”。奇怪的是从其他湖里游来的鱼，当游到这个湖的入口处时，便掉头匆忙往回游，不愿游进去。人们曾多次试验将鲈鱼、鲫鱼放进湖里，却没有一条能够存活下来的。许多人认为湖水有毒，可是几经化验，未发现任何有毒物质。因此，引起了科学家们的极大兴趣，然而，无毒而又无鱼的奥秘，至今仍未能解开。

为什么有的湖能呼风唤雨

在我国云南省交黎贡山的原始森林中，竟发现有这样奇怪的林间小湖，湖深1米半，湖水终年不涸，平常湖面死一般地寂静，水色墨绿，奇怪的是，任凭大风刮起湖水却闻风不动。然而，只要湖畔有人大声说话，本来晴朗明亮的湖面上空，立刻就会变得乌云密布，甚至立即下起雨来。说话声音越高，雨就落得越大；说话声音越长，雨也下得越长。如果说话停止，雨也就立即停止，这种奇湖，真可谓“呼风唤雨的湖”。在我国宝岛台湾省屏东县和台东县交界的丛山峻岭间，也有一个能呼风唤雨的湖，当地人称它叫“巴油池”。这种现象也引起了科学家们的极大兴趣，但是湖水为什么有呼风作雨的奥秘，至今仍未解开。

地下湖是怎么回事

1986年年底，南非科学家在纳米比亚以北地区发现了面积2公顷的一个地下湖。经科学家探险、勘察，这个世界上最大的地下湖的湖水，来自地底一个小裂缝。湖水清澈、温暖，还有一个布满石笋的小滩。这个湖水深60米却仍未见底，在一个艾加马期洞内，潜水员在湖底找到了一种纯白色的盲鱼，身长约15厘米，这种鱼在其他地方尚未发现过。为什么会形成地下湖，至今也没有答案。

罗布泊为什么如此恐怖

罗布泊位于中国新疆维吾尔自治区东南部的湖泊。在塔里木盆地东部，海拔780米左右，位于塔里木盆地的最低处。蒙古语罗布泊即多水汇入之湖。古代称泑泽、盐泽、蒲昌海等。公元330年以前湖水较多，西北侧的楼兰古城为著名的“丝绸之路”的咽喉，现仅为大片盐壳。

罗布泊同失踪了的楼兰古城一样，是一个充满神秘氛围的地方。它被人们称为“死亡之海”，这里非但不孕育生命，不欢迎生命，而且还要无情地扼杀生命。20世纪80年代，中国著名科学家彭加木在罗布泊失踪，至今杳无音信，成为世纪之谜；中国著名探险家、被誉为壮士的余纯顺徒步走了8年，闯过道道生死险关，进入罗布泊仅两天便倒在了滚滚的热浪里。

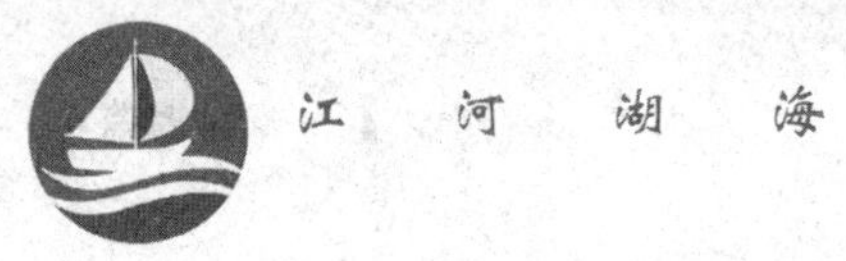

风沙是杳无人烟的罗布泊地区的主宰。这里每年8级以上的大风有80余次。由于气候极为干燥,覆盖地面的植物十分稀少,所以风暴来临时沙尘翻滚,天昏地暗,人们称其“沙暴”。

1980年初夏,中国的一支科学考察队从敦煌出发,穿过茫茫的噶顺戈壁,进入罗布泊地区。一天,考察队的车队在戈壁沙海中艰难地行进,突然前方不远处有一股巨大的沙暴急速地朝车队滚动。转眼工夫,大风席卷着满天沙石呼啸而来,刚刚还是晴朗的天空,霎时间一片黑暗。10米之外,人影模糊,前后的车辆一下子“消失”得无影无踪。深陷在沙暴中的车辆,宛如被围困在万弹齐发的战场之中,沙石敲击着车身,发出叮当的响声。真是“一川碎石大如斗,随风满地石乱走”。在这个风狂沙暴的世界里,考察队住宿的帐篷常被风刮得像鼓满的帆,有时在半夜三更还会被风吹翻。考察队员一觉醒来,鼻孔和耳朵里都灌满了沙尘。吃饭时,刚盛好的饭菜,眨眼就会被撒上一层泥沙,因此在这里吃饭,只能吞,不能嚼。罗布泊地区的沙暴多发生在春、夏季节。因为这里是塔里木盆地最低洼的一隅,海拔仅800米左右,地理学家称它为“罗布洼地”,这个洼地较之周围地区升温迅速,于是与气温低的地区产生强大的空气对流,风起沙扬,风沙齐至,横扫着这块荒凉的土地。

过去总认为中国最干旱、酷热的地区在吐鲁番盆地，但罗布泊地区的夏季炎热，也许使素称“火州”的吐鲁番盆地也望尘莫及。4月上旬，罗布泊就犹如蒸笼一样闷热，气温常达37℃，而这时乌鲁木齐的最高气温才8℃。一到夏天，这里的气温升到50℃左右，地表温度甚至高达70℃，地面滚烫，难以涉足。考察队带去的警犬这时总是用三条腿走路，也许是想腾出一条腿来减轻高温的炙烤吧。高温不仅会把帐篷内的蜡烛烤熔，还会把胶卷烤软。这里的年降水量不足10毫米，不少地方终年无雨，但蒸发量却高达3000毫米以上。因此，在这里尽管炎热异常，却不会汗流如注，因为汗水刚刚渗出，就被蒸发殆尽。考察队员们的衣服不是被汗水湿透，而是被汗水中的盐分和沙尘弄成硬邦邦的“铠甲”。在严酷的自然条件下，干涸的罗布泊盆地几乎不存在任何动植物。大地被各种奇形怪状的风蚀土堆和坚硬的盐壳覆盖着，就像被烧焦了丢置在地球上的一块无边无际的盐饼。

罗布泊是游移湖吗

“游移湖”是沙俄军官普尔热瓦尔斯基强加给罗布泊的。1976年，普尔热瓦尔斯基带领一帮人马，进入中国西部地区探险。他们从库尔勒进入罗布泊地区，在若羌县城附近，看见一个淡水湖，经过水文测量，这个湖泊的位置与清朝地图上的罗布泊位置不同。普尔热瓦尔斯基认为这是他的“伟大发现”，急不可待地发表了他这一“重大成果”，说中国的大清一统图中关于罗布泊的标志是错误的，他发现的湖泊才是真正的罗布泊，并且作出了罗布泊早已向南游移的武断结论。普尔热瓦尔斯基的所谓“发现”，引起了国际地理学界的强烈反响和极大兴趣，不少学者附和他的观点，但也有人提出了质疑。德国著名地理学家李希霍芬就认为，中国古书上称罗布泊为“盐泽”，说明它是一个咸水湖，而普尔热瓦尔斯基看见的却是一个淡水湖，这分明是牛头不对马嘴。但此后一批批中外学者进入罗布泊探险后却不断“充实”了所谓的游移湖“理论”，因此在人们的心目中，罗布泊当真成了一个神秘的游移湖。

20世纪50年代后期，中国科学院新疆综合考察队对罗布泊地区作了实地考察之后，第一次作出了"罗布泊并非游移湖或交替湖"的结论。由于罗布泊的湖水受层层自然湖堤的包围，并受内部新构造活动的控制，因此水体不可能任意游荡。

中国的科学考察队又两度穿越罗布泊湖盆，对那里的地貌和古水系作了详细的考察，对湖盆地形作了精密的测量，并通过钻探，采集了大量水样和地层岩芯，再次证实了罗布泊不是"游移湖"。从地形看，湖盆是罗布泊地区最低洼的地方。水往低处流，这是最简单的道理。钻探获得的地层岩芯说明，罗布泊湖盆一直是湖相沉积，在20世纪70年代彻底干涸之前，这种湖相沉积从未间断。这就说明，湖盆一直是有水的，只是在近年由于塔里木河下游断流，才导致罗布泊干涸。当年普尔热瓦尔斯基看见的湖泊，其实是当时塔里木河下游的台特马湖，该湖与其附近的喀拉库顺一样，都是罗布泊的"裙带湖"。在喀拉库顺与罗布泊之间，有一条古河道相连，说明当年塔里木河是流经台特马湖和喀拉库顺之后，再沿该古河道进入罗布泊的。由此看来，要真正揭开罗布泊的奥秘，还需要很长一段时间。

罗布泊都有哪些谜团

1.大耳朵之谜

1972年7月,美国宇航局发射的地球资源卫星拍摄的罗布泊的照片上,罗布泊竟酷似人的一只耳朵,不但有耳轮、耳孔,甚至还有耳垂。对于这只地球之耳是如何形成的?有观点认为,这主要是由50年代后期来自天山南坡的洪水冲击而成。洪水流进湖盆时,穿经沙漠,挟裹着大量泥沙,冲击、溶蚀着原来的干湖盆,并按水流方向前进,形成水下突出的环状条带。正因为干涸湖床的微妙的地貌变化,影响了局部组成成分的变化,这就势必影响干涸湖床的光谱特征,从而形成"大耳朵"。但也有人对此持不同观点,科学家们众说纷纭,争论不已,也许对于罗布泊的争论永远都不会结束。

2.诡异之谜

为揭开罗布泊的真面目,古往今来,无数探险者舍生忘死,深入其中,其中不乏悲壮的故事,更为罗布泊披上了神秘的面纱。有人称罗布泊地区是亚洲大陆上的一块"魔鬼三角区"。

1949年,从重庆飞往迪化(乌鲁木齐)的一架飞机,在鄯善县上空失踪。1958年却在罗布泊东部发现了它,机上人员全部死亡,令人不解的是,飞机本来是西北方向飞行,为什么突然改变航线飞向正南了呢?

1950年,解放军剿匪部队一名警卫员失踪,事隔30余年后,地质队竟在远离出事地点百余公里的罗布泊南岸红柳沟中发现了他的遗体。

1980年6月17日,著名科学家彭加木在罗布泊考察时失踪,国家出动了飞机、军队、警犬,花费了大量人力物力,进行地毯式搜索,却一无所获。

1990年，哈密有7人乘一辆客货小汽车去罗布泊找水晶矿，一去不返。2年后，人们在一陡坡下发现3具卧干尸。汽车距离死者30千米，其他人下落不明。

1995年夏，米兰农场职工3人乘一辆北京吉普车去罗布泊探宝而失踪。后来的探险家在距楼兰17千米处发现了其中2人的尸体，死因不明，另一人下落不明，令人不可思议的是他们的汽车完好，水、汽油都不缺。

1996年6月，中国探险家余纯顺在罗布泊徒步孤身探险中失踪。当直升飞机发现他的尸体时，法医鉴定已死亡5天，原因是由于偏离原定轨迹15多千米，找不到水源，最终干渴而死。死后，人们发现他的头部朝着上海的方向。

1997年，甘肃敦煌一家3口在父亲的带领下，前往楼兰附近寻宝，结果一去不复返，最后3人尸体被淘金人发现。

1997年，昌吉有4个人开着大卡车，到罗布泊南岸的红柳沟找金矿，结果没有了消息。1998年，有人在红柳沟附近找到了4具尸体和一部烂车。

2005年末，敦煌有人在罗布泊内发现一具无名男性尸体，当时据推测该男子是名“驴友”，法医鉴定其并未遇害。这具尸体被发现后，也引起了国内数十万名“驴友”的关注，更有人在互联网上发出了寻找其身份的倡议，最后在众人的努力下，终于确定了该男子的身份，并最终使其遗骸归回故里。经查明，该男子是2005年自行到罗布泊内探险，但为何死亡，却一直是个谜……

死海为何不死

死海位于约旦和以色列交界，是世界上最低的湖泊，湖面海拔-422米，死海的湖岸是地球上已露出陆地的最低点，湖长67千米，宽18千米，面积810平方千米。死海也是世界上最深的咸水湖、最咸的湖，最深处380米，最深处湖床海拔-800米，湖水盐度达300克/升，为一般海水的8.6倍。死海的盐分高达30%，也是地球上盐分居第二位的水体，只有吉布提的阿萨勒湖的盐度超过死海。

死海是地球陆地最低处的一个内陆湖，这里不仅湖里没有鱼虾，甚至连四周湖岸也没有任何植物。鱼儿顺着约旦河遨游，只要接触到湖里的水，就会立即死去，人们只要尝尝这里的水，舌头就会感到一阵刺痛。湖面上盐柱林立，有些地方则漂浮着盐块，好像破碎的冰山。令人奇怪的是，不会游泳的人掉进湖里也不会被淹死。与世界上任何江河湖海不同，死海是不准许人们“为所欲为”的。你想击水前进时，它会使你立即失去平衡，毫不客气地将你翻转过来。任何游泳好手，无论他采取蛙式、蝶式或自由式，在死海里都休想施展自己的本领。至于潜泳，有史以来，还没有人在不坠挂重物的情况下潜入死海。死海不容人游泳其中，却让人漂浮其上。它是“旱鸭子”的乐园，从未游泳的人尽可放心地仰卧水面，伸开四肢，随波漂浮。风平浪静时，人们甚至可以在水面上仰面捧读，享受在其他江河湖海中所不能得到的情趣。死海的怪脾气和浮力都来自其含量极高的矿物质。死海盐的含量是普通海水的9倍，湖水表层含盐量为300‰～332‰。在死海通常见不到滔滔巨浪，这是因为死海的水含矿物质高，减弱了风的威力。

那么，死海是怎样形成的呢？请先听一个古老的传说吧。远古时候，这里原来是一片大陆。村里男子们有一种恶习，先知鲁特劝他们改邪归正，但他们拒绝悔改。于是，上帝决定惩罚他们，便暗中谕告鲁特，叫他携带家眷在某年某月某日离开村庄，并且告诫他离开村庄以后，不管身后发生多么重大的事故，都不准回过头去看。鲁特按照规定的时间离开了村庄，走了没多远，他的妻子因为好奇，偷偷地回过头去望了一眼。转瞬之间，好端端的村庄塌陷了，出现在她眼前的是一片汪洋大海，这就是死海。她因为违背上帝的告诫，立即变成了石人。虽然经过多少世纪的风雨，她仍然立在死海附近的山坡上，扭着头日日夜夜望着死海。上帝惩罚那些执迷不悟的人们：让他们既没有淡水喝，也没有淡水种庄稼。

这当然是神话，是人们无法认识死海形成过程的一种猜测。其实，死海是一个咸水湖，它的形成是自然界变化的结果。死海的源头主要是约旦河，河水含有很多的矿物质。河水流入死海，不断蒸发，矿物质沉淀下来，经年累月，越积越多，便形成了今天世界上最咸的咸水湖——死海。

死海周围的山峦、土地中含有各种矿物质，这些矿物质都伴随着雨水，长年累月流入死海。在死海周围，还有100多个含有大量硫黄和其他矿物质的温泉，它们都注入死海。但是，这些都远远不是造成死海含大量矿物质的主要原因。死海矿物质的主要来源是死海里的各种矿泉。

但令人担忧的是：死海的水位在不断下降。从20世纪50年代以来，它的水位已下降了至少25米。依此类推，"海枯石烂"不会太远。其中的原因是多方面的：地面水补充不足，该地区气候干燥，雨水稀少，干渴的土地早把点滴的雨水吸收了。周围的100多个温泉，虽然日夜不停地向死海供水，但补给量远远不够。长期以来，在死海的前途命运问题上，一直存在着两种截然不同的观点：一种认为，死海在日趋干涸，不久的将来，死海将不复存在；另一种观点则认为，死海并非没有生命的死水，它前途无量，是未来的世界大洋。持前一种观点的人认为，在几千年漫长的岁月中，死海日复一日、年复一年地不断蒸发浓缩，湖水越来越少，盐度越来越高。加上那里终年少雨，夏季气温高达50℃。唯一向它供水的约旦河还要被用于灌溉，所以它面临着水源枯竭的危险。1976年，死海水位迅速下降，其南部开始干涸。以色列曾想用"输血"的方式——打通死海与地中海——来挽救死海，但地中海本身的平衡也很脆弱，亦有入不敷出之忧。所以，从长远看，死海似乎只有死路一条了。持后一种观点的人则认为，死海位于著名的叙利亚——非洲大断裂带的最低处，这个大断裂带还处于幼年时期，终有一天，死海底部会产生裂缝，从地壳深处冒出海水，而随着裂缝的不断扩大，会生长出一个新的海洋。这一观点的一个有力佐证是，与死海处于同一构造带上的红海，其海底已发现了一条深2800米的大裂缝，并且还在缓缓发展，从地壳深处正不断地冒出水来。20世纪80年代初，人们又发现死海之水正不断变红，科学家们经过分析，发现其中正迅速繁衍着一种红色的小生命——盐菌。其数量之多，十分惊人。此外，美国和以色列的科学家还发现有几种细菌和一种海藻生存其间。原来，死海中有一种叫做“盒状嗜盐细菌”的微生物，具备防止盐侵害的独特蛋白质。

众所周知，通常蛋白质必须置于溶液中，若离开溶液就要沉淀，形成机能失调的沉淀物。因此，高浓度的盐分，可对多数蛋白质产生脱水效应。而“盒状嗜盐细菌”具有的这种蛋白质，在高浓度盐分的情况下，不会脱水，能够继续生存。

嗜盐细菌蛋白又叫“铁氧化还原蛋白”。美国生物学家梅纳切姆·肖哈姆，和几位以色列学者一起，运用X射线晶体学原理，找出了“盒状嗜盐细菌”的分子结构。这种特殊蛋白呈咖啡杯状，其“柄”上所含带负电的氨基酸结构单元，对一端带正电而另一端带负电的水分子具有特殊的吸引力。所以，能够从盐分很高的死海海水中夺走水分子，使蛋白质依然逗留在溶液里，这样，死海有生物存在就不足为奇了。

参加这项研究的几位科学家认为，揭开死海有生物存在之谜，具有很重要的意义。

最大的湖泊在哪

位于亚欧大陆之间的里海，是世界上最大的湖泊。它的西南面和南面是高加索山脉和厄尔布尔士山脉的连绵雪峰，其他三面是辽阔的平原。里海的真正译名应为“卡斯皮海”，来源于古代居住在高加索东部的一个部落——卡斯皮人。

里海是湖，但人们称其为“海”，不仅是由于它具有一些海的特征，而且也由于它过去确实是海的一部分。几百万年以前，里海与黑海和地中海相同，后来由于地壳运动，里海与黑海分离，成为一个内陆湖泊。在地理学上，它又被称为“海迹湖”。

非洲的“杀人湖”是怎么杀人的

1984年8月16的清晨，一位叫福勃赫·吉恩的年轻牧师和其他几个人正驾驶着一辆卡车经过喀麦隆共和国境内的莫努湖。这时，看见路边有个人正坐在摩托车上，仿佛睡着了一样。但当吉恩走近摩托车时，他发现那个人已经死了。而牧师转身朝汽车走去时，也觉得自己的身子发软了。吉恩和他的同伴闻到一种像汽车电池液一样的怪气味。吉恩的同伴很快倒下了，而吉恩却设法逃到了附近的村子里。

到早上10点半，当局得知已有37人在这条路上丧失了生命，很明显这些人都是那股神秘的化学气体的牺牲者。这股化学云状物体包围了有200米长的一段路面。虽然还没有进行尸体解剖，但对尸体进行检查的巴斯医生断定这些人都死于窒息，他们的皮肤都有一度化学灼伤。

使这些人丧失生命的云状物体是从莫努湖中自然产生的。附近的村民报告说，在前一天晚上听到轰隆轰隆的爆炸声。当局注意到湖里的水呈棕红色，它表明平静的湖水已经翻动过了。

那么，是什么引起了这股云雾？火山学家西格德森认为，在最深的水中，通过保持碳酸氢盐的浓度，微妙的化学平衡使莫努湖发生了强烈的分层。某种东西扰乱了这种分层，使深水中的丰富的碳酸盐朝着水面上升。这种压力的突然变化，释放出二氧化碳，就像打开苏打瓶盖一样，这一爆发形成了5米高的波浪，使岩边的植物都倒下了。这股合成的云状物也就是密度很大的二氧化碳气体，这股气体被风带到了路上，并一直停留在离地面很近的地方。西格德森说，很明显在黎明前的这段时间里，由于天黑使村民看不见这一云状物。同时，他猜测到这股云雾中含硝酸，这就使人们天亮时能看见它，也能解释死者皮肤上的灼伤。但即使这样，西格德森还是说："灼伤仍然完全是个谜。"

月牙泉为什么不会干涸

月牙泉名为"泉"，实际上它是一个"袖珍湖"，但是这个湖的形状像一湾月牙，因此被命名为"月牙泉"。月牙泉不但美景如画，还盛产"三宝"：一是泉水中出产的铁脊鱼，这种鱼能治疑难杂症；二是泉底有一种可催生壮阳的草叫七星草；三是湖岸有如同彩虹一般美丽灿烂的五色沙砾。

据《元和郡县志》载：在鸣沙山旁有一泓泉水，名字叫"沙井"。这口泉从古到今，无论风沙多大，都有甘美的泉水。沙漠中光照强烈，气候干旱，蒸发量大，其他湖泊的泉眼有的会干涸，有的会被风沙填没，只有月牙泉永远填不没，永远不干涸。为什么会如此呢？这就需要了解月牙泉的成因。

传说中国汉朝时期，有个名为李广利的将军曾征伐大宛，之后，在退兵返回的路上，大军曾经在这个地方驻扎过。当时，因为在沙漠中行军，士兵

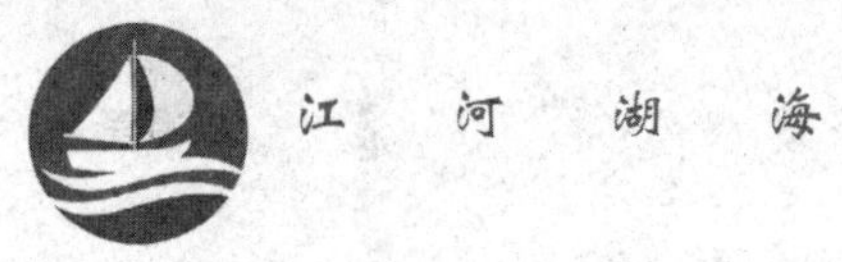

们都十分渴,军心动摇。在这种危急的情形下,李将军急中生智,“引力刺山,有泉涌出”。这就是月牙泉的由来。民间传说认为它是天赐的“神泉”,这才在沙漠中永不干涸。但这只是传说,不足为信。

科学家对月牙泉进行了深入的考察研究,发现古时的月牙泉并不是单独的一个小湖,而是党河的一部分。美丽的党河在这个地方打了个湾,这就是月牙泉的前身。后来,党河河水不再从这里经过了,但这个美丽的河湾却留了下来,永远地站在了鸣沙山边,成为一个独立的小湖。那么为什么它可以在烈日的蒸烤、干旱的逼迫下一直保持清亮永不干涸呢?原来,月牙泉在地形上与三危山大断层的走向是一致的,都是东北走向,这样,孕育了月牙泉的党河地下水就可以继续滋润月牙泉,月牙泉有大量地下水供应,自然就不会干涸了。

月牙泉的周围环境也很奇特,它的南面有金字塔形的沙丘将风沙挡在了外面,这样,沙漠中的狂风只能吹动两面山坡和沙丘背部的沙粒,这些小变动是不会引起大面积沙丘转移的,月牙泉也不会受到风沙的威胁。因而,月牙泉不会被大量沙粒所填满,也不会因沙丘转移而像罗布泊一样不断改变泉水的位置。正是这些诸多的有利因素,使沙漠中的月牙泉永不干涸。

沙兰蒂纳湖为什么能令泳者悬浮空中

阿根廷有一个神秘的湖,名字叫“沙兰蒂纳”。湖面虽然不大,却经常发生怪事。在湖里游泳的人们有时会浮到空中,就好像失重了一样。著名物理学家卡罗斯曾来到这里,对发生的奇特现象进行跟踪研究。卡罗斯说:“怪湖发生的这种人体悬浮现象并无规律可寻,通常人体浮出水面10~12米,悬浮时间有长有短,从20秒到30分钟不等。怪湖直径约200米,但发生奇特悬浮现象的只局限在靠近岸边的50码区域内。牛顿的万有引力学说显然无法对其进行解释。”

马拉维湖是如何“淘气”的

地处3个非洲国家——莫桑比克、马拉维、坦桑尼亚之间的马拉维湖，是当今世界第一奇异的湖泊。

这个著名的湖有着非常“淘气”的性格，据说，它调皮的时间一般是上午9时左右，马拉维湖的泱泱湖水会莫名其妙地开始缓缓消退，水位下降6米多才中止，它仿佛是玩累了，需要“歇口气”；大约“休息”2个小时，湖水又继续消失，直至出现浅滩才渐渐停息；4个小时后，“退避三舍”的湖水陆续返回“家园”；下午7时，湖水开始骚动，只见水位不断上升，直至洪流漫溢，倾泻八方；再过大约2个小时，马拉维湖才重新恢复平静，它这一次的恶作剧才算全部完结。

马拉维湖的消长并无一定规律。有时一天一次，有时数日一次，有时数周一次，但每次都是上午9时左右开始，晚上9时左右结束，前后大约持续12个小时。

海水涨潮落潮是尽人皆知的事，然而坐落在非洲大陆的淡水湖——马拉维湖为何也有潮汐现象呢？如果说，马拉维湖的水位之涨落是月亮和太阳的吸引力所致，但相距不远的鲁夸湖（坦桑尼亚境内）与奇尔瓦湖（莫桑比克与马拉维两国接壤处）为什么却没有这种水涨水落的怪诞现象呢？法

国地理学家雅克·施戈特尼斯曾经推测：马拉维湖之下可能隐藏着一个地下湖泊，它与地面湖形成连环湖。由于某种自然因素的作用，湖水时而泻入地下，时而涌出地面，形成今日这种令人费解的怪异现象。

1987年8月，意大利的一支地理考察队专门在马拉维湖的底层深处进行了广泛的勘察，证明雅克的设想不能成立。因此，直到现在，马拉维湖的潮汐现象仍是一个谜。

波森维湖为什么会形成一个规则的锥体

非洲加纳的波森维湖，多年来一直是世界科学家注意和研究的对象。因为这个湖的形状是极严格的圆形，而且成为一个规则的锥体。湖底中心最深处匀称地呈坡状上升到湖岸。

科学家们认为，用人工不可能挖成这种形状，而且自然界中，只有火山爆发或陨星坠落到地面上发生爆炸，才能形成这样的湖。可是，从地质上去分析，这个地区无论过去还是现在都没有火山活动过的迹象。因此，科学家们作了一个假设，这个湖是由于陨星坠落时发生爆炸形成的。

然而，这个湖的体积却超过了世界上任何一个陨星穴坑。美国亚利桑那州的“魔鬼谷”直径达到了3500米。可是，波森维湖的直径却达到了7000米。据科学家们估计，造成波森维湖这样一个穴坑的陨星，它的直径不会小于3千米，而其飞行速度要达到每秒20千米。

现在，世界上不少科学家仍在探索波森维湖形成之谜。

阳朔溶洞喷水成湖是怎么回事

1987年5月15日下午3时，在距广西桂林市阳朔县城3千米处的美女山下，一个叫“澎窿洞”的地下溶洞，突然“隆隆”作响，顷刻间，约有4米宽的洞口喷出了3米多高的大水。数天后附近的200多亩农田一片汪洋，水深达5米左右。之后水位仍缓慢上升，至7月上旬，水面已达300余亩，水深达6~7米。

后来，水位趋于稳定，无论晴雨，水不涨也不退。水深处一片碧绿，岸边浅处清澈见底。奇怪的是，到9月30日，这300余亩湖水竟在一夜之间消失得无影无踪，只留下成群的干死的鱼虾。

据记载，澎窿洞喷水，历史上曾出现过多次，一般23~24年一次，但水位稳定的时间却差别很大，每次退水均在一夜间消失。此洞喷水之谜，至今未有定论。

海洋篇

为什么会形成潮汐现象

潮汐现象对生活在海边的人都不陌生。当海水涨的时候,大片的海滩都被淹没;而当海水落的时候,又露出了大片的海滩,可以去赶海。这就是潮汐现象。

海水为什么有时会上涨,有时会下落,而且那么有规律呢?

很早以前,古代希腊的航海家比戴阿斯,在大西洋沿岸,发现每月有两次特别大的高潮和两次特别小的低潮,并且高潮总是出现在新月和满月的时候,而低潮总是出现在上弦月和下弦月(即只能看到月牙时)。因此,他断定,潮汐现象是因为月亮产生的。

我国东汉时的哲学家王充则直截了当地指出:“涛之起也,随月盛衰。”现代科学也证实潮汐现象的确与月亮有关。

由于星球间存在万有引力,因此可以想象,如果地球是全部被海洋覆盖的“水球”,那么在月球引力作用下,“水球”就会被拉成蛋一样的长形的球,对着月球和背着月球的两点都是隆起的。地球每天自转一圈,对某一地点来说,那个地方的海水就会发生两次的涨落。也就是说,从这次涨潮到下一次涨潮，或者说，从这一次落潮到下一次落潮，大约是相隔半天时间。

可为什么每月会发生两次特别大的高潮和特别小的低潮呢？

原来，太阳对地球也有引力，但由于太阳和地球距离较远，引力较小，平时不明显。可当地球、月亮和太阳处于一条直线（满月或新月）时，月亮对海水的引力和太阳对海水的引力叠加在一起，就出现了大潮。当月亮与地球和太阳与地球形成的角度呈直角（上弦月或下弦月）时，两种引力相互抵消，出现了小潮，由于这种情况每月出现两次，所以每个月总有两次特别

大的高潮和特别小的低潮。

海水涨落是一种极复杂的自然现象，除主要与月亮、太阳和地球的相对位置有关外，还与海盆的形状、海水的深度、气流的情况等有一定关系。

为什么海水是蓝色的

为什么海水看上去是蓝色的呢？原来，这是由海水对光线的吸收、反射及散射而造成的。太阳射到海洋表面的可见光有红、橙、黄、绿、靛、蓝、紫七色。海水很容易吸收波长较长的光，如红光、橙光、黄光。这些光射入

海水后，绝大部分被海水吸收。而绿、靛、蓝、紫等波长较短的光，碰上海水分子或其他微粒阻挡，会发生不同程度的散射和反射。其中蓝色和紫色最易被散射和反射。又由于人们的眼睛对紫色光很不敏感，往往视而不见，而对蓝色的光比较敏感。这样，海水看上去便成蓝色的了。

海底冷光是怎么一回事

每当夜幕降临在大海时，人们常常可以看到海面上闪闪烁烁的光芒像一条条火舌。海洋发光主要是由发光细菌引起的。在这些发光细菌的生物体内，有一种荧光素和氧结合、生成氧化荧光素，其化学反应所产生的能量以光的形式释放出来，因此就发出了光。海洋发光细菌多生活在热带和温带海洋中。它们大多是以寄生、共生或腐生的方式生长在鱼、虾、贝、藻等生物体上，为这些鱼、虾、贝等提供了新的光源，使它们更有利于觅食和驱敌。一个瓜水母发出的光可让人在黑暗中看清人的面孔；长腹缥水蚤发的光能力也很强，可以利用它的光在轮船甲板上读报。

除了发光细菌外，许多真菌、甲壳类动物、昆虫以及海鸟等都会发出生物光。在非洲的沼泽上，就有一种会发光的荧乌，其头部长着一层会闪闪发光的硬壳，其亮度相当于两瓦灯泡的亮度，当地居民把这种荧乌捉来养在鸟笼里，夜行时当手电筒用。

海上水生物发出的光都是“冷光”，在发光的同时，没有辐射热能的消耗，因而生物发光的效率是很高的。普通电灯泡(白炽灯)通电时，灼热的钨丝约把7%～13%的电能变成了可见的光，其余电能成了不可见的光和热。而生物光几乎能将化学能百分之百地转变为可见光，为普通电光源效率的几倍到几十倍。长期以来，人们就巧妙地利用这种生物光为自己造福，比如:渔民们利用海光寻找鱼群，识别暗礁、浅滩、沙洲和冰山等。由于生物光源没有电流不会产生磁场，因而人们可以在这种光流的照明下做着消除磁性水雷等工作。随着科学技术的发展，奇妙的生物冷光将进一步为人们所认识。有朝一日大规模应用冷光，各种各样不辐射热的发光墙或冷光发光体会相继诞生，必将给人们生活的领域带来一场伟大变革。

海下海是怎么回事

苏联中亚一带的咸海是一个双层海:地面海和地下海。在地面海海底300～500米以下是地下海，深度达500米左右。地下海的海水与白垩纪沉积混为一体，含有矿物质和盐分。每年，地下海供给地面海4亿～5亿立方米的海水，而不枯竭。这源源不断的海水原来是来自天山山脉，天山山脉有几道暗河直通咸海的地下海。

海底花园如何神秘

在加勒比海上，有一个名叫圣拉法埃尔的小小球状珊瑚岛。每当夜幕降临，在离这个小岛不远的海面上，总会发出一种奇怪的呻吟声，并不时闪烁着一种神秘玄妙、忽明忽暗的“鬼火”。那奇怪的声音整夜在空中回荡，在海风阵阵的夜晚，让人听了毛骨悚然。据岛上居民们传说，这鬼火是几世纪以前英国赫赫有名的大海盗摩根丢在海底的宝藏发射出来的，而那阴森森的声音，正是这个财宝主人为恫吓企图前来寻宝的人而发出的吼声。

这个小岛的奇异传说，引来了美国康内狄格大学的一支考古队。这支考古队在年轻的考古学教授罗尼·斯图尔特的率领下，一直在这一带海区努力寻找英国海盗摩根不幸遇难后丢失在海底的巨大宝藏。结果，宝藏没有找到，却意外地发现了一座与他们原想要寻找的完全不同的宝库：这是

一座全加勒比海乃至全世界目前发现的最丰富繁茂的海洋动物园和植物园。原来,那神秘的光亮是从海底茂密的珊瑚树丛中发射出来的。透过明亮的海水,可以清楚地看到那些五彩缤纷、秀美奇丽的珊瑚树,它们互相交错,形成了一张非常细密的天然大网。当海水向前推进时,受到由珊瑚组成的屏障的过滤,使数不清的海洋微生物留在珊瑚树上,它们在这舒适的温床上飞快地繁殖。

随着珊瑚树丛对海水的不断过滤,这些微生物越积越多,形成了一个巨大的海下微生物乐园。这里的海底是一个繁荣的生命世界:珊瑚林立,鱼儿穿游,各种各样的海洋动物在一起和睦相处,共同生活。在海底有很多奇特的洞穴,这些洞是海水在珊瑚礁间冲击而成的,每个洞穴的四壁都被许多红色、绿色和黄色的海绵、海星等装饰着,煞是美丽。最引人注目的还是那一簇簇五颜六色、多姿多彩的"秋牡丹花"海葵,在这些"花丛"中,经常有一种名叫小丑鱼的鱼群出没。这色彩缤纷、水晶宫一般的海底花园也并非处处太平。在奇形怪状的暗礁中,时常隐藏着一种能够致人死命的海鳗。这是海底花园的强盗,牙齿锐利,生性狡猾,常常偷袭在水下活动的潜水员。神秘的海底花园虽然已不再神秘,但海底花园奇异瑰丽的景致却使这里闻名遐迩。

为什么说百慕大三角区恐怖而神秘

百慕大三角是世界闻名的神秘海域,它地处北美佛罗里达半岛东南部,具体是指由百慕大群岛、迈阿密(美国)和圣胡安(波多黎各)三点连线形成的一个三角地带。几百年来,这里频繁出现离奇的海难事故和其他一些神奇的事件。飞机会在此海域上空离奇地失踪。据有幸脱险的人员回忆:飞行员失踪时,往往海天混合成一片白色,飞机的仪器仪表完全失灵,但失踪飞机却连一块碎片都找不到。同样,路经此地的轮船,有时也会莫名其妙地失踪,也是活不见人,死不见尸,连船体及碎片、油迹都找不到。

更令人奇怪的是，据传有幸在此海域出生的人聪明异常。百慕大三角神奇莫测，怪事连篇。它的威名和神秘令从事海洋或航空事业的人谈虎色变，以致于最有经验的海员或飞行员经过这里时，都无心欣赏那美丽如画的海上风光，而是战战兢兢，提心吊胆，唯恐碰上厄运，不明不白地命丧黄泉。因而，人们把这个恐怖的海域称为“魔鬼三角”或“死亡三角”。

1. 航船失踪

1609年7月，“冒险海”号载着近150名男女移民开往英国新占领的殖民地弗吉尼亚，该船船长兼远征指挥官是乔治·萨默斯。在“冒险海”号进入百慕大三角海域时，可怕的风暴一连咆哮数天。“冒险海”号被风暴掀得左右摇摆不定，船上的人们竭尽全力试图把灌进船舱里的海水排出来。可是，最后还是狂风恶浪占了上风，“冒险海”号不幸撞在百慕大群岛沿岸的暗礁上，搁了浅。乔治·萨默斯毫不犹豫地下令弃船，此船后来葬身海底。据船上遇难者的日记记载：在遇难前的一个宁静的夜晚，乔治·萨默斯站在

甲板上，忽然发现上面射来一道很亮的闪光。他抬头一看，只见在主桅中有一个闪闪发光的火球。火球是移动的，它一闪一闪地一直上升到桅杆顶端，然后移到风桅上，之后，便像幽灵似的离开了这艘船。现在，人们认为萨默斯船长看到的火球可能是“球形闪电”，而真实谜底仍待解开。

1812年，美国邮轮“爱国者”号奉命把南卡罗来纳州的第一夫人西奥多西亚·伯恩·阿尔斯顿送往纽约去见她的父亲——在英国逗留了4年后返回美国的美国前副总统阿伦·伯恩。一切就绪之后，“爱国者”号在1812年12月31日起锚出发，开往百慕大三角海域。与西奥多西亚同行的有她丈夫的舅舅威廉·阿尔杰农·阿尔斯顿和她的医生。“爱国者”号邮轮出港时天空晴朗，风平浪静，一切都很顺利。可是，谁能想到这艘邮轮和船上的所有人这一去就再也回不来了。西奥多西亚的父亲和丈夫组织了多次搜寻，都一无所获。邮轮不会受到暴风雨的袭击，因为在这5天中，天气一直晴朗；也不会遭遇海盗，因为要真是这样的话，总会有幸存者或某个参与其事的海盗在这之后透露出事件的真相。事实上却毫无音信，令人莫名其妙。

有人说，古代船舶在海上失事的事件不足为奇，何况，当时科学技术水平有限，船上的仪器装备也比较落后，船舶难免发生事故，人们也无从寻求失事的原因。然而在现代，一些装有现代化仪器设备的船只，在百慕大三角海域突然失踪的事件也频频发生。

1963年2月2日，美国“玛林·凯恩”号油船例行出航。这艘船上装配着现代化的导航仪器及先进的通信设备。在出航的第二天，船上的船员还向海港报告说：“油船已正常地航行到北纬26°40′、西经73°的海面上。”然而谁也想不到，这却是“玛林·凯恩”号油船发出的最后一份报告，此后，这艘油船竟无声无息地失踪了，好像掉进了深洞里。事后派船去搜寻，海面上连一滴油也未见到。

2. 飞机的坟场

如果仅是船舶常常在百慕大三角海区遭到不明原因的灭顶之灾，还不足以引起人们很大的震惊。令人恐惧的是，飞机在这个海区上空飞行时，也常常“飞来横祸”，这就给百慕大三角区又抹上了一层神秘而恐怖的色彩。

飞机在百慕大三角区神秘失事的第一份记录，是1945年美国海军第十九中队的5架“复仇者”强击机突然全部失踪的事件，其经过十分离奇。1945年12月5日下午，美国海军第十九飞行中队的5架“复仇者”强击机，从佛罗里达海军航空基地起飞，作预定的作战训练。按照训练计划，它们应向东飞行120千米，然后再折向西南，随后返回基地。飞机起飞时，万里无云，是非常好的飞行天气。14人组成的机组，在蔚蓝色天空中翱翔至百慕大三角区。飞机飞到预定的高度后，电波传来了泰勒中尉清晰的声音：“一切正常，发动机的声音很好，风速不大。”起飞1个多小时后，地面指挥人员非常突然和意外地听到飞行员用短促的语气报告迷失了方向，所有通信导航设施全部失灵。接着飞机与地面的通信联络便中断了。幸好，控制中心还勉强听到了5架飞机彼此间联络的声音。从飞行员那些惊慌的只言片语中，地面大致了解到所有机载导航仪表都失灵了，飞行员看不见太阳，无法判别方向。最后，地面人员隐约听到飞行员说“进入了白水，不要跟着我……它们好像是从外层空间来的”，“我们完全迷失了方向”等话。从此，那些飞机就杳无音信了。

当事件发生后，基地派一架双引擎大型飞机“马金·马丽娜”号从巴哈马群岛海军航空基地紧急起飞。飞机上有13人，载有全套营救设备。令人恐怖的是，10分钟之后，这架飞机遭到了与上述5架飞机同样的厄运，最后全失踪了。美国海军司令部大为震惊，为了寻找这6架神秘失踪的飞机，进行了空前规模的救援，出动了“所罗门”号航空母舰、4艘轻型驱逐舰、7艘潜艇、18艘警备舰、几百条快艇和摩托艇、307架飞机，进行密集搜索，没有放过百慕大三角区到墨西哥湾的每一平方米海面。然而，未能发现丝毫遇难者的踪迹，哪怕是一块飞机碎片、漂浮油斑。20年后，有人在距出事地点3000千米之外的墨西哥西北部的索诺拉沙漠中发现了这5架飞机，它们完好无损，连油箱也是满满的，唯独缺少机组人员。他们上哪儿去了呢？科学家们大惑不解。

自从美国海军航空基地5架强击机在百慕大三角区的上空失事以后，飞机在这里就接连不断地发生意想不到的事故。在1948年12月27日夜间10点30分，一架DC-3型民航班机，从旧金山机场起飞，途中经过百慕大三角区上空时，也神秘地失踪了，乘客无一生还。

飞机不断在百慕大三角区上空失踪，使这个海区更增加了恐怖和离奇的色彩。在这里失事的飞机，有的直到最后几分钟还同机场保持着正常的联系，它们几乎是在一瞬间消失的。有的飞机则在失事前发出了奇怪的报告，例如，仪表突然失灵、天空发黄、晴天起雾、海上变得异常等，可是谁也没来得及提供更为详细具体的情况，就渺无踪迹了。有人统计，从1840年到现在，飞机在百慕大三角区神秘失踪的事件达100余起。

你见过这些海洋奇景吗

沙漠下的大海——在世界上最大的沙漠撒哈拉沙漠下，勘察人员发现有一个大海深藏于地下4000米处，个别地方只有50～100米。地下海水储量达30万平方千米，相当于尼罗河12年入海的总流量。

海底风暴——在离新西兰不远的大西洋中，发现了一种奇怪的海底风暴。海底风暴发生时，这里流速将骤增到每秒3米，这相当于陆地上时速100千米的台风。这时，沉没在三四千米深海的船只和其他形形色色的物体，都被抛向空中。目前，产生这一自然现象的原因尚不明确。

海中飞碟——在大西洋发现一处海中“飞碟”，直径达80千米，在飞速旋转时，竟吞进了大量鱼虾。大海中的“飞碟”比空中“飞碟”大得多，已经发现的约有340个。它们大多诞生于大江、大河、大湖通海的出口处，远海与大洋的相交处，这种海中“飞碟”是由一种特殊的水组成，且从温度、含盐量、密度、比重到所含的化学物质都与周围海水不同，因而呈现为一个边缘分明的“独立体”，并随海流和旋涡，一边前进，一边高速旋转，而在长达10

年中也不解体。

海底舞池——在太平洋中离海面几十米至几百米的海底，有500多个“海底平顶火山”。由于千万年的岁月，潮汐、波浪、海流、旋涡和飓风等，把火山顶的熔岩一层层削去了，上面变成了一个个浑圆、光滑、平整的大广场，又因外层坚硬的岩石形成一圈高出的窄边，酷似一座座华丽的舞池，故戏称“海底舞池”。

火海奇观——印度安得拉邦马德里斯海港，几年前一阵飓风过后，海面上突然燃起了熊熊烈火，将周围数十里照得通亮，形成了难以解释的火海奇观之谜。后来，终于发现是由于时速高达200千米以上的飓风，与海水摩擦时，水分子的氧原子和氢原子分离，并由于飓风里的电荷作用，使氢发生爆炸，因而形成一片火海。这次火海所释放的能量，相当于200颗氢弹爆炸的能量。

火星夜潮——我国江苏省连云港市羊山岛海域，每当夏秋之交的夜晚，只见潮浪峰上一片火光，萤萤耀眼，随波起伏跳跃，恰似坠落的繁星。偶有轻舟滑过，只见船舷、木橹上亦飞溅起簇簇金星。人跑到海边沾上海水，也会发现鞋帮、脚印都闪着火星，仿佛置身于天街夜市。其实，火星潮是海洋生物的一种发光现象。海水中许多会发光的浮游生物随着风推浪涌，飘移到近海地区，浮游在海水表层，形成火星潮奇观。

神秘旋涡——在挪威博德城附近平静的海面上，每日准时出现4次神秘而巨大的旋涡，人们称之为萨特旋涡。旋涡来临时，海水如翻江倒海般翻腾旋转起来，那逐渐形成的千百个小旋涡，越来越大，越转越急，随后合并为一个大旋涡，直径10多米，深陷10米以上，并发出阵阵呼啸声。每逢旅游季节，这一旋涡奇观总会招来自世界各地的许多游客。在日本小笠原群岛东面400千米的太平洋中，也发现一个半径宽达100千米的大旋涡，从500米的深海到水面，有一个水柱旋转不停，涡流中心以每秒3厘米速度向西移动，先以顺时针方向旋转，约100天后，则改逆时针方向旋转，反复交换。

海水和海底，谁的年龄大

我们知道，海洋中的盐分都是汇入大海的江河在漫长的历史年代中一点点累积起来的。因此，从海水中的含盐量可以间接测定海水的年龄，目前科学家们比较认可的海水的年龄约为45亿年。人们普遍认为，海底的年龄应该大于45亿年才对。可是科学家们多年来对太平洋深海钻探取得的岩芯进行年龄测定，至今也从未发现过太平洋底有早于1.5亿年前的任何样品。也就是说，没有任何证据表明，太平洋底的年龄超过了1.5亿年。这好像是一件很奇怪的事情，怎么会有这种令人费解的情况出现呢？

原来在海洋的底部，有一条峰峦绵亘的雄伟山脉，它起自北冰洋，穿过冰岛，纵贯大西洋，绕过非洲，沿印度洋西侧北上，直达红海，然后调头沿印度洋东侧直至澳洲，横过南太平洋后再傍着美洲大陆的西海岸奔向阿拉斯加，人们称之为大洋中脊。大洋中脊的突出特征是沿脊线的山峰陡峭高耸，而且这些山峰又往往被它们中央的裂谷深深地分割为二，形成双峰对峙之势。而数量众多的地震震源正好沿着这条大洋中脊的中央裂谷和脊段之间的横向断裂而分布。由于裂谷和断裂的存在，这里的地壳变得很薄，大约只有3～5千米，地底下高温高压的熔岩以中央裂谷为突破口，不断冲破谷底“老”的地壳向外喷涌，但碰到海水后又凝固，形成了新的地壳，并将老地壳向外排挤，形成了海底的扩张，或者说换底的现象。

大洋中脊每年产生的新地壳约为10厘米宽，这样，宽约15000千米的太平洋洋底，只要1.5亿年便可更新一次，难怪大洋底的年龄不超过1.5亿年。因此，与海水比较起来，海底实在是太年轻了。

最大的海是哪个海

世界上最大的海是珊瑚海，它位于南半球，西部紧靠澳大利亚大陆东北岸，北部和东部被伊瑞安岛、新不列颠岛、新赫布里底群岛、所罗门群岛所包围，南部与太平洋边缘上的海塔斯曼海衔接。海域十分辽阔，面积有479.3万平方千米。

最小的海是哪个海

位于土耳其西部的马尔马拉海是世界上最小的海。它的面积仅为1.1万平方千米，人们在海洋中航行的时候，甚至可以清楚地看到它的两岸。如果说珊瑚海是海中“巨人”的话，那么，马尔马拉海就是海中的“侏儒”。

马尔马拉海全长280千米，宽80千米，呈椭圆形。它的东北面通过31千米长的博斯普斯鲁斯海峡与黑海相连，自古以来就是黑海地区通达外海的航行要道。西南面通过61千米长的达达尼尔海峡与地中海相连。从地质年代上考察，马尔马拉海是一个很年轻的海，形成至今，大约只有100万年。

哪个海是世界上最深的海

白令海是世界上最深的海。其最深处为4191米。白令海位于白俄罗斯堪察力口半岛与美国阿拉斯加之间，北面同北冰洋楚科奇海相通，面积约有230.4万平方千米。由于海水很深，因而白令海中渔产丰富，种类繁多，其中又盛产鲸鱼、海豹等。

最浅的海是哪个海

俗话说:“洋无边,海无底”。当然,海洋是有边有底的。不但有底,而且有的海洋还非常浅。俄罗斯西南部的亚速海可以说是世界上最浅的海,亚速海形似不规则的三角形,总面积有38840平方千米,平均深度仅6.6米,最深的地方也只有14米,因而它的海水总呈现出灰黄甚至灰黑的颜色。海水的总体积为256立方千米,大致相当于珊瑚海的1/45000。由于亚速海浅得惊人,因此一遇到大风天气,所有的海水连同海底的淤泥都会被风吹起来,导致海水长期混浊不清。

为什么说地中海是最脏的海

地中海不仅是世界上最大的内海,同时也是世界上最脏的海。据统计,每年倒入地中海的废水有35亿立方米,固体垃圾1.3亿吨。最为严重的是,地中海沿岸的18个国家都是重要的产油国,共有58个石油港口。这些港口在装卸石油的时候难免会给海水带来严重的石油污染,加重了地中海的肮脏程度。

最深的海沟在哪里

全世界海洋中深度大于6000米的部分只占海洋总面积的1.2%。其中,位于太平洋中西部马里亚纳群岛东侧的马里亚纳海沟是世界上最深的海沟。马里亚纳海沟南北长2850千米,而宽度只有70千米,陡崖近乎直立,深深切入大海的底部。据估计,这条海沟已形成6000万年。

1957年，苏联科学院海洋研究所的一艘海洋考察船对马利亚纳海沟进行了详细的探测，并于8月18日通过超声波探测仪在它的西南部发现了一条特别深的海渊，其中最大深度达到11022米，这是迄今为止已知世界海洋中最深的地方。

世界上主要的大海湾有哪些

海或洋伸进陆地的部分叫海湾。海湾的深度和宽度一般向内陆逐渐减小。面积大小不一，大的比海还大，如哈德逊湾、墨西哥湾、孟加拉湾。有的海和湾不加区别，如阿拉伯海是湾，又称为海；墨西哥湾是海，却又称它为湾。

世界上面积超过100万平方千米的大海湾共有5个，即位于印度洋东北部的孟加拉湾，位于大西洋西部美国南部的墨西哥湾，位于非洲中部西岸的几内亚湾，位于太平洋北部的阿拉斯加湾，位于加拿大东北部的哈德逊湾。

孟加拉湾在印度半岛、中南半岛、安达曼群岛和尼科巴群岛之间，面积为217.2万平方千米。深度在2000～4000米，南半部较深。有恒河、布拉马普特拉河等河流注入。沿岸的重要港口有加尔各答、马德拉斯、吉大港等，是太平洋与印度洋之间的重要通道。

墨西哥湾在美国、墨西哥、古巴之间，东西长1609千米，南北宽1287千米，面积154.3万平方千米。平均深度1512米，最深处4023米，有世界第四大河密西西比河由北岸注入。尤卡坦半岛和佛罗里达半岛环抱湾口，穿过尤卡坦海峡、佛罗里达海峡分别与大西洋、加勒比海连接。大陆沿岸及大陆架富藏石油、天然气和硫黄等矿产。湾内有新奥尔良、阿瑟、休斯敦、坦皮科等重要港口。

几内亚湾在西非加纳、多哥、贝宁、尼日利亚、喀麦隆、赤道几内亚等国沿岸，面积153.3万平方千米。有非洲第三大河尼日尔河等河流注入。大陆架及大陆沿岸蕴藏着丰富的石油资源。沿岸主要港口有洛美、拉各斯、哈尔科特、杜阿拉和马拉博等。

阿拉斯加湾在美国阿拉斯加半岛、科迪亚克岛、亚历山大群岛之间，面积132.7万平方千米。沿岸主要港口有奇尔库特港等。大陆沿岸地区多火山，渔业资源较丰富。

哈德逊湾在加拿大东北部巴芬岛与拉布拉多半岛西侧，面积120万平方千米。湾内水较浅，平均深度257米。湾内主要港口有彻奇尔等。

除上述五大海湾外，世界最著名的海湾是波斯湾。该湾又称阿拉伯湾，在印度洋西部，介于阿拉伯半岛和伊朗高原之间，以霍尔木兹海峡和阿曼湾与阿拉伯海衔接。它长约970千米，宽56～338千米，面积为24万平方千米。平均水深只有25米。最深处102米。湾底和沿岸为世界石油蕴藏量最多的地区，约占世界石油储量的一半以上，素有“石油湖”之称。

你知道“四大洋”吗

地球表面的总面积约5.1亿平方千米，其中海洋的面积为3.6亿平方千米，占地球表面总面积的71%。世界海洋的水量比高于海平面的陆地的体积大14倍，约137亿立方千米。陆地的平均高度为840米。假如地球具有平均的球面，整个表面就会被2400米深的海水所覆盖。

1.太平洋

太平洋是世界上最大的洋，位于亚洲、大洋洲、美洲和南极洲之间，总面积17868万平方千米，平均深度3957米，最大深度11034米，体积70710万立方千米。太平洋中有许多海洋生物，目前已知浮游植物380余种，主要为硅藻、甲藻、金藻、蓝藻等；底栖植物由各种大型藻类和显花植物组成。太平洋的海洋动物包括浮游动物、游泳动物、底栖动物等太平洋的许多海洋生物具有开发利用价值,这使它成为水产资源最丰富的洋。

太平洋也有丰富的矿产资源。目前,矿产资源勘探开发工作主要集中在大陆架石油和天然气、滨海砂矿等方面。

2. 大西洋

大西洋是地球上的第二大洋,面积约9165.5万平方米。大西洋位于欧洲、非洲和南北美洲之间,自北至南约1.6万千米,东西最短距离2400多千米。大西洋的生物分布特征是:底栖植物一般分布在水深浅于100米的近岸区,其面积约占洋底面积的2%;浮游植物共有240多种,主要分布在中纬度地区;动物主要分布在中纬度区、近极地区和近岸区,哺乳动物有鲸和鳍脚目动物,鱼类主要以鲱、鳕、鲈、鲽科为主。

大西洋的矿产资源有石油、天然气、煤、铁、硫、重砂矿和多金属结核。加勒比海、墨西哥湾、北海、几内亚湾是世界上著名的海底石油、天然气分布区。

3. 印度洋

印度洋是地球上第三大洋,位于亚洲、南极洲、大洋洲和非洲之间,总面积约为7617.4万平方千米。印度洋也有丰富的生物资源。浮游植物主要密集于上升流显著的阿拉伯半岛沿岸和非洲沿岸。浮游动物主要密集于阿拉伯西北部,主要是索马里和沙特阿拉伯沿岸。底栖生物以阿拉伯海北部沿岸为最多,由北向南逐步减少。印度洋目前的渔获量约400万吨,主要是鱼、鲐鱼和虾类,还有沙丁鱼、鲨鱼、金枪鱼。

科威特、沙特阿拉伯和澳大利亚沿海等印度洋海域均发现了油气资源。波斯湾海底石油储量为120亿吨,天然气储量7.1万亿立方米。印度洋也有多金属结核资源,但资源量低于太平洋和大西洋。

4. 北冰洋

最小的洋，约1478.8万平方千米。北冰洋处高寒地带，浮游植物生产力比其他洋区少10%。鱼类有北极鲑鱼、鳕鱼等。哺乳动物有海豹、海象、鲸、海豚、北极熊等。北冰洋已发现两个海区有油、气远景，其海底也有锰结核等矿床。

哪个海港是吞吐量最大的海港

鹿特丹是荷兰的第二大城市，而鹿特丹海港则是闻名遐迩的世界第一大港口。该港口的年吞吐量已超过5亿吨，位居世界首位。该港区面积达100平方千米，码头岸线全长90千米，有656个泊位，深水港可停靠世界上最巨大的货轮。

威德尔海为什么被称为南极"魔海"

一提起魔海，人们自然会想到大西洋上的百慕大"魔鬼三角"。这片凶恶的魔海，不知吞噬了多少舰船和飞机。它的"魔法"究竟是一种什么力量，科学家们众说纷纭，至今还是一个不解之谜。然而在南极，也有一个魔海，这个魔海虽然不像百慕大三角那么贪婪地吞噬舰船和飞机，但它的"魔力"足以令许多探险家视为畏途，这就是威德尔海。

威德尔海是南极的边缘海，属南大西洋的一部分。它位于南极半岛同科茨地之间，最南端达南纬83°，北达南纬70°～77°，宽度在550千米以上。它因1823年英国探险家威德尔首先到达此地而得名。

威德尔海的魔力首先在于它流冰的巨大威力。南极的夏天，在威德尔海北部，经常有大片大片的流冰群。这些流冰群像一座白色的城墙，首尾相接，连成一片，有时中间还漂浮着几座冰山。有的冰山高100～200米，方圆220平方千米，就像一个大冰原。这些流冰和冰山相互撞击、挤压，发出一阵阵惊天动地的隆隆响声，使人胆战心惊。船只在流冰群的缝隙中航行异常危险，说不定什么时候就会被流冰挤撞损坏或者驶入“死胡同”，使航船永远留在这南极的冰海之中。1914年，英国的探险船“英迪兰斯”号就被威德尔海的流冰所吞噬。

在威德尔的冰海中航行，风向对船只的安全至关重要。在刮南风时，流冰群向北散开，这时在流冰群之中就会出现一道道缝隙，船只就可以在缝隙中航行；如果一刮北风，流冰就会挤到一起，把船只包围，这时船只即使不会被流冰撞沉，也无法离开这茫茫的冰海，至少要在威德尔海的大冰原中呆上1年，直至第二年夏季到来时，才有可能冲出威德尔海而脱险。但是冲出来的可能性是极小的，由于1年中食物和燃料有限，特别是威德尔海冬季暴风雪的肆虐，使绝大部分陷入困境的船只难以离开威德尔这个魔海，它们将永远“长眠”在南极的冰海之中。所以，在威德尔及南极其他海域，一直留传着“南风行船乐悠悠，一变北风逃外洋”的说法。直到今天，各

国探险家们还恪守着这一信条，足见威德尔海的神威魔力。

在威德尔海，不仅流冰和狂风对人施加淫威，而且鲸群对探险家们也是一大威胁。夏季，在威德尔海碧蓝的海水中，鲸鱼成群结队，它们时常在流冰的缝隙中喷水嬉戏，别看它们悠闲自得，其实凶猛异常。特别是逆戟鲸，是一种能吞食冰面上任何动物的可怕鲸鱼，是有名的海上“屠夫”。当它发现冰面上有人或海豹等动物时，会突然从海中冲破冰面，用那细长的尖嘴，贪婪地吞噬各种生物，其凶猛程度，令人毛骨悚然。正是逆戟鲸的存在，使得被困威德尔海的人难以生还。

绚丽多姿的极光和变幻莫测的海市蜃楼，是威德尔海的又一魔力。船只在威德尔海中航行，就好像在梦幻的世界里飘游，它那瞬息万变的自然奇观，既使人感到神秘莫测，又令人魂惊胆丧。有时船只正在流冰缝隙中航行，突然流冰群周围出现陡峭的冰壁，好像船只被冰壁所围，挡住了去路，一时间似乎进入了绝境，使人惊慌失措。刹那间，这冰壁又消失得无影无踪，使船只转危为安。有时，船只明明在水中航行，突然间好像开到冰山顶上，顿时，把船员们吓得一个个魂飞九霄。还有，当晚霞映红海面的时候，眼前出现了金色的冰山，倒映在海面上，好像向船只砸来，给人带来一场虚惊。在威德尔海航行，大自然不时向人们显示它的魔力，戏谑着人们，使人始终处在惊恐不安之中。这是大自然演出的一场场闹剧，不知将多少船只引入歧途——有的竟为避开虚幻的冰山而与真正的冰山相撞；有的则受虚景迷惑而陷入流冰包围的绝境之中。

威德尔海是世界上又一个神奇的魔海。

海底“烟囱”是怎么一回事

在如此深邃的“暗无天日”的海底，为什么会有这么丰富多彩的生物世界呢？

科学家们又发现，在离“海底玫瑰园”稍远的地方，有一个个粗大的“烟囱”正在“咕嘟咕嘟”地冒烟，“烟囱”直径约为2～6米，热水在其中上下不停地翻腾着，还不时喷射出五光十色的乳状液体。在“烟囱”的周围，凝结着一堆堆冷却了的火山熔岩，形状如同一束束巨大的花束，姿态万千。

经过测量，科考工作者发现这一海域的海水深达2600～3000米，“烟囱”喷出的热泉水温高达350～400℃，这里不仅含有丰富的金属物质，而且还含有硫黄等气体。由于硫黄的存在，导致了硫黄细菌的繁殖。正是这些硫黄细菌的繁殖，加上海底“烟囱”里独特金属物质的存在，造就了这个地方奇特的生物群落。

那么，这海底“烟囱”究竟是怎么一回事呢？它是这一海域所独存的吗？

1977年，英国地质学家乘坐“阿尔文号”深潜器，首次观察到太平洋格拉普高斯海岭正在喷溢的海底“烟囱”。1979年，美国的生物学家、地质学家和化学家们再一次乘坐“阿尔文号”深潜器，对东太平洋海隆及格拉普高斯海岭进行了长时间的考察，同时还拍摄了电视纪录片。他们在第二年夏天继续考察时，又发现了许多新的含矿热泉水及气体的喷溢区。这些水下的温泉、海底火山喷发的喷孔里溢出的热泉水温度高达56℃，丰富的铁、铜、锌、锰、铪、金等金属物质随着热泉水喷出海底之后，在“烟囱”周围沉积下来，形成矿泥。这些物质是人类潜在的矿物资源，也是地质学家们期待研究的对象。

其实早在20世纪60年代中期，在东亚和西亚大陆之间的红海海底，就发现了多处类似“烟囱”的“热洞”。目前，人们已在红海海底找到四处“热洞”。由于红海的鱼类有15%是其他海洋里所没有的，以往人们总是以海水的盐分、温度较高和气候干燥等原因来解释红海海域特有的海洋生物群存在的现象。现在看来，红海特殊生物群落存在的一个重要原因应该是大量特有金属物质的供应以及海底“烟囱”的存在。

在很长时间内，地质学家们对矿产的形成和地壳运动有着不同的看法，其中的一种解释是把地壳先划分成大大小小不同的板块，熔融物质在地壳以下很深的地方，沿着一定方向从海底喷溢出来，为板块运动提供动力，致使海底急剧扩张，并且形成不同的矿产。海底“烟囱”的发现是对这种观点的一个直接证据，这个发现对生命科学的研究也具有重大价值。在深邃的海底，在没有阳光和光合作用的情况下，存在如此五光十色、充满魅力的生物世界，实在令人不敢相信。生活在这里的海底动物的食物是一些与地球上最早期的生命形式较为接近的菌类，这为研究生命起源提供了新的研究对象。

海洋能资源有哪些

海洋能包括潮流、海流、波浪、温差和盐差等，它是一种可再生的巨大能源。据估算，世界仅可利用的潮汐能一项就达30亿千瓦，其中可供发电约为260万亿度。科学家曾作过计算，沿岸各国尚未被利用的潮汐能要比目前世界全部的水力发电量大1倍。

我国的潮汐能量也相当可观，蕴藏量为1.1亿千瓦，可开发利用量约2100万千瓦，每年可发电580亿度。浙江、福建两省岸线曲折，潮差较大，那里的潮汐能占全国沿海的80%。浙江省的潮汐能蕴藏量尤其丰富，约有1000万千瓦，钱塘江口潮差达8.9米，是建设潮汐电站最理想的河口。

20世纪50年代后期，我国曾出现过利用潮汐能办电站高潮，沿海诸省市兴建了42个小型潮汐电站，总装机容量500千瓦。70年代初再度出现潮汐办电热潮，至今仍在使用的潮汐电站共有8座，总装机容量7245千瓦。其中较大的3座为浙江江厦电站、山东半岛白沙口电站和广东甘竹滩洪电站。

据估算，我国可供利用的海洋能量还有：潮流能1000万千瓦、波浪能7000万千瓦、海流能2000万千瓦、温差能1.5亿千瓦和盐差能约为1亿千瓦。

潮汐发电站一般建造在潮差比较大的海湾和河口。选好建站址后就要开始修建水库，因为海洋里的水是相连一体的。为了要利用它发电，首先要将海水蓄存起来，这样便可以利用海水出现的落差产生的能量来带动发电机进行发电。

如果将波浪的能量转换为可利用的能源,那也是一种理想的能源。据计算,游泳池每秒钟在1平方千米海面上能产生20万千瓦的能量,全世界海洋中可开发利用的波浪能约为27亿~30亿千瓦,而我国近海域波浪能的蕴藏量约为1.5亿千瓦,可开发利用量约3000万~3500万千瓦。目前,一些发达国家已经开始建造小型的波浪发电站。对利用温差和盐差的能量转换为能源的问题正在研究开发中。

海水中有哪些资源

海水中溶解了大量的气体物质和各种盐类。人类在陆地上发现的100多种元素,在海水中可以找到80多种。人们利用海盐为原料生产出上万种不同用途的产品,例如烧碱、氯气、氢气和金属钠等,凡是用到氯和钠的产品几乎都离不开海盐。

海水中蕴藏着极其丰富的钾盐资源,据计算总储量达5×10^{13}吨,但是由于钾的溶解性低,在1升海水中仅能提取380毫克钾。

溴是一种贵重的药品原料,可以生产许多消毒药品。例如大家熟悉的红药水就是溴与汞的有机化合物,溴还可以制成熏蒸剂、杀虫剂、抗爆剂等。地球上99%以上的溴都蕴藏在汪洋大海中,故溴还有“海洋元素”的美称。据计算,海水中的溴含量约65毫克/立方厘米,整个大洋水体的溴储量可达1×10^{14}吨。

镁不仅大量用于火箭、导弹和飞机制造业,它还可以用于钢铁工业。近年来镁还作为新型无机阻燃剂,用于多种热塑性树脂和橡胶制品的提取加工。另外,镁还是组成叶绿素的主要元素,可以促进作物对磷的吸收。镁在海水中的含量仅次于氯和钠,总储量约为1.8×10^{15}吨,主要以氯化镁和硫酸镁的形式存在。

铀是高能量的核燃料,1千克铀可供利用的能量相当于2250吨优质煤。然而陆地上铀矿的分布极不均匀,并非所有国家都拥有铀矿,全世界的铀矿总储量也不过2×10^6吨左右。但是,在巨大的海水水体中,含有丰富的铀矿资源,总量超过4×10^9吨,约相当于陆地总储量的2000倍。

从20世纪60年代起,日本、英国、德国等先后着手从海水中提取铀的工作,并且逐渐建立了多种方法提取海水中的铀。以水合氧化钛吸附剂为基础的无机吸附剂的研究进展最快。当今评估海水提铀可行性的依据之一仍是一种采用高分子黏合剂和水合氧化剂制成的复合型钛吸附剂。现在海水提铀已从基础研究转向开发应用研究。日本已建成年产10千克铀的中试工厂,一些沿海国家亦计划建造百吨级或千吨级铀工业规模的海水提铀厂。如果将来海水中的铀能全部提取出来,所含的裂变能相当于1×10^{16}吨优质煤,比地球上目前已探明的全部煤炭储量还多1000倍。

“能源金属”锂是用于制造氢弹的重要原料。海洋中每升海水含锂15~20毫克,海水中锂总储量约为2.5×10^{11}吨。随着受控核聚变技术的发展,同位素锂聚变释放的巨大能量最终将和平服务于人类。锂还是理想的电池原料,含锂的铝合金在航天工业中占有重要位置。此外,锂在化工、玻璃、电子、陶瓷等领域的应用也有较大发展。因此,全世界对锂的需求量正以每年7%~11%速度增加。目前,主要是采用蒸发结晶法、沉淀法、溶剂萃取法及离子交换法从卤水中提取锂。

重水也是原子能反应堆的减速剂和传热介质,也是制造氢弹的原料,海水中含有2×10^{14}吨重水,如果人类一直致力的受控热核聚变的研究得以解决,从海水中大规模提取重水一旦实现,海洋就能为人类提供取之不尽、用之不竭的能源。

除了上述已形成工业规模生产的各种化学元素外,海水还将无私地奉献给人类全部其他微量元素。

为什么天然之城被称为水下奇迹

与那国岛本来是日本一个默默无闻的小海岛，距离台湾很近。但是，随着1985年探险家新嵩喜八郎在海岛附近的水下发现了巨型石材建筑结构，与那国岛才开始扬名海外。一些人认为，这可能是一座古城废墟。在大约25米深的水下，竟然有许多壮观的阶梯和屋顶一样的建筑结构。历史学家及考古学家在此之前对这些建筑结构的存在并不知情。这些建筑结构表面光滑，在拐角处呈直角弯曲，看起来好像是人为雕琢的。日本琉球大学地质学家木村政昭经过一番考察和探险后宣称，他在海底还发现了一个巨型金字塔、一些城堡、纪念碑和大型运动场等建筑，所有这些都有道路相连。此外，他还发现了墙壁、水槽、采石场、石头工具和一个刻有古文字的石板。木村政昭认为，这些都是古代文明存在的证据。

尽管木村政昭的说法很受普通大众欢迎，但是大多数专家对此仍持怀疑态度。专家们争论的焦点就是这些水下建筑结构是天然形成的还是人工建造的。美国波士顿大学地理学家罗伯特·舒霍奇也曾潜入该海域水下进行过多次考察，他认为这些结构都是天然形成的。它们都是由天然岩床构成，而不是由一个个石块建成。罗伯特指出，这些岩石都是沉积岩，具有水平沉积层，从侵蚀处可以看出水平平行线。由于地质运动，不同岩层会出现垂直裂缝。经过强大水流的冲刷和侵蚀，这些裂缝不断扩大，部分碎块被冲走，就形成了一个个巨大阶梯。

然而，木村政昭认为这些建筑结构大约建造于6000年前，当时这个古老的城市还处于海平面之上。最近，木村政昭又宣称这些建筑结构可能建造于3000～2000年前，因为当时的海平面已接近20世纪的水平。后来，由于地质运动，导致这片土地沉没于海水之下。

对于木村政昭的猜测，其他考古学家进行了反驳。加拿大英属哥伦比亚大学东亚考古专家理查德德德·皮尔森认为，与那国岛出土的文物表明那里的人类文明可以追溯到公元前2000～2500年。当时，那里的人类群体非常小，不可能拥有如此非凡的能力建造这些巨大的石材结构。而且台湾距离与那国岛很近，虽然台湾人民那时已经开始用石头建造房屋，但在台湾也没有发现任何与与那国岛相似的证据。

不管专家们如何辩论，但这些巨大的神奇结构确实存在。在今天，即使不用专业的潜水设备，人们都可以很容易看到这些鬼斧神工般的岩层。无论是天然之城也好，还是沉没的远古文明也好，这片水下奇迹留下的众多谜团吸引了世界各地大批游客和考古爱好者的猎奇。

为什么荷马时代港口会被淹没在大海里

当年，特洛伊战争中或是《伊利亚特》和《奥德赛》史诗中的勇士们登船远征的时候，他们或许就是从帕夫洛彼特里港口出发。希腊帕夫洛彼特里市应该是已知最早沉没的城市。英国南安普敦大学海洋地质学家尼古拉斯·弗莱明于1967年潜入该海域发现了这片古城遗址。弗莱明认为，“帕夫洛彼特里最适合作为中转站。”

帕夫洛彼特里曾经是铜器时代最繁忙的港口之一，如今已沉没于希腊最南端的一个海湾里，遗址位于水面4米以下。1968年，弗莱明在学生的帮助下，对帕夫洛彼特里遗址进行了测量和研究。他发现遗址上到处散落着公元前1600年～前1100年的古希腊迈锡尼文明时期的破碎陶器。然而，他并没有在遗址上发现码头或是港口的任何痕迹。

弗莱明说，“这里极有可能是特洛伊战争中勇士们远征出发的港口，至少它应该是荷马时代一个重要的港口城市。”

此后的30多年，人们对于帕夫洛彼特里并没有更多的认识。直到2009年夏天，英国诺丁汉大学考古学家乔恩·亨德森与希腊考古学家伊利亚斯·斯朋德利斯利用激光定位技术和声呐扫描技术对该遗址进行了细致的探测。他们发现，帕夫洛彼特里遗址比1968年弗莱明所发现的规模要大得多。此外，他们还发现了两块巨型石刻墓碑，一个大型会堂和一些至少是公元前2800年的陶器。亨德森认为,“所有这些都证明,帕夫洛彼特里市比以前想象得更重要。它或许是古希腊拉哥尼亚王国的主要城市之一,可能有许多王室成员居住于此。”考古学家还认为,它可能还与荷马史诗中许多历险故事存在着重要联系。

此外,弗莱明还对该地区的海岸线进行了仔细的研究,试图找出帕夫洛彼特里市沉没于海底的原因。他认为,最可能的解释就是地质构造运动。该城市大约于公元前1100年被遗弃,但是这究竟是由一系列小地震所引起的还是因为一次灾难性事件所引起的,至今未有定论。

你听说过海底教堂吗

在中世纪,丹维奇曾经是东英吉利的首府,也是当时英格兰十大城市之一。丹维奇也曾是一个繁华的渔港城市。然而,从建立一开始,丹维奇就命中注定必将被海水淹没的。丹维奇市建立在松软的水成岩地基之上,这种地基很容易被当地巨大的海浪所侵蚀。1286年,丹维奇市遭受了第一次巨大的打击。升高的潮水和巨大的海浪席卷了该市400多间商店和住房。从此以后,丹维奇市开始慢慢地被海水所破坏而沉入海底。该市共有16座巨石造成的教堂,也在这一过程中逐渐消失,直到1919年最后一座教堂“万圣”教堂沉没。

由于当地潜水条件非常危险,因此此后五十多年都无人问津这座曾经繁华的都市。直到1971年,考古爱好者斯图亚特·培根才终于找到“万圣”教堂的塔楼。如今,城市的一些残骸都被海水冲刷得干干净净。不过,在当地海床上还留下了许多巨石造成的教堂。2008年,培根和英国南安普敦大学地理学者大卫·塞尔利用声呐技术又在海床上找到了另外两座教堂,它们分别于15世纪和17世纪相继沉没于海底。

2009年6月,当地潜水爱好者从“圣彼德”教堂上采集了部分石头做成了教堂石雕。2009年7月,英国威塞克斯考古中心又利用声呐技术在海底淤泥中找到了另一座教堂。

当初繁华的丹维奇市如今已向内陆退化为一个小村庄。对于那些沉没于海底永不见天日的中世纪教堂来说，“万圣”教堂的塔楼就是它们的海底墓碑。

为什么会存在海底古磁性条带

19世纪末，著名物理家居里在自己的实验室里发现磁石的一个物理特性，就是当磁石加热到一定温度时，原来的磁性就会消失。后来，人们把这个温度叫“居里点”。在地球上，岩石在成岩过程中受到地磁场的磁化作用，获得微弱磁性，并且被磁化的岩石的磁场与地磁场是一致的。这就是说，无论地磁场怎样转换方向，只要它的温度不高于“居里点”，岩石的磁性是不会改变的。根据这个道理，只要测出岩石的磁性，自然能推测出当时的地磁方向。这就是在地学研究中人们常说的“化石磁性”。在此基础上，科学家利用化石磁性的原理，研究地球演化历史的地磁场变化规律，这就是古地磁说。

为了寻找大陆漂移说的新证据，科学家把古地磁学引入海洋地质领域，并取得令人鼓舞的成绩。

第二次世界大战之后，科学家使用高灵敏度的磁力探测仪，在大西洋洋中脊上的海面进行古地磁调查。之后，人们又使用磁力仪等仪器，以密集测线方式对太平洋进行古地磁测量。两次调查的资料使人们惊奇地发现，在大洋底部存在着等磁力线条带，而且呈南北向平行于大洋中脊中轴线的两侧，磁性正负相间。每条磁力线条带长约数百千米，宽度在数十千米至上百千米之间不等。海底磁性条带的发现，成为本世纪地学研究的一大奇迹。1963年，英国剑桥大学的一位年轻学者F.J.瓦因和他的老师D.H.马修斯提出，如果“海底扩张”曾经发生过，那么，大洋中脊上涌的熔岩，当它凝固后应当保留当时地球磁场的磁化方向。就是说在洋脊两侧的海底应该有磁化情况相同的磁性条带存在。当地球磁场发生反转时，磁性条带的极性也应该发生反转，磁性条带的宽度可以作为两次反转时间的度量标准。这个大胆的假说，很快被证实了，人们在太平洋、大西洋、印度洋都找到了同样 对称的磁性条带。不仅如此，科学家还计算出在7600万年中，地球曾发生过171次反转现象。

研究还发现，地球磁场两次反转之间的时间最长周期约为300万年，最短的周期约为5万年，两次反转的平均周期约为42万~48万年。目前，地球的磁场方向已保留70万年了，所以，人们预感到一个新的磁场变化可能正在向我们靠近。

对于海底磁性条带的研究仍在继续之中，许多问题仍找不到令人满意的答案。例如，对于地球磁场为什么要来回反转这个最基本的问题，就无法解释清楚。尽管科学家们提出过种种假说，但其真正的原因还是不清楚的。也就是说，地球发生磁场转向的内在规律之谜，有待于科学家们去继续探索。

海底的神秘铁塔有何奇异之处

即使在平静的海底也会遇上某种离奇古怪的事件——美国“爱尔塔宁”号海洋考察船上的研究人员在深海考察时，意外地发现了一座奇异的海底“铁塔”。

1964年8月29日，“爱尔塔宁”号海洋考察船航行到智利的合恩角以西7400多千米处抛锚停泊，按照南极考察计划开始考察作业。考察人员计划在这一海区将一台深水摄像机下潜到4500米深处，对这里的海底状况进行水下拍摄。为此，考察人员把一台特制的水下摄像机安装在一个圆柱形钢制保护壳内，用电缆线将其系在考察船上。一天的考察结束了。当摄像技术员在暗室中对当天拍摄的胶片进行显影处理时，在一张胶片上意外发现了一个古怪的东西，它跟其他胶片上拍摄的内容有着天壤之别。该胶片洗成照片后，清晰地显示出一个顶端呈针状的水下“铁塔”。从“铁塔”的中部还延伸出4排芯棒，芯棒与垂直的“铁塔”呈精确的90°角，每个芯棒的末端都带有一个白色小球——诸如此类的特征似乎使这个神秘的水下“铁塔”显得很像一部塔式电视发射天线。

1964年12月4日，“爱尔塔宁”号完成了考察使命，驶入新西兰的奥克兰港，研究人员将这张海底神秘“铁塔”照片拿给一名记者看。这名记者问随船海洋生物学家托马斯·霍普金斯：“这是什么东西?”霍普金斯回答说：“它当然不是海洋植物喽！在3500米深的海底根本见不到阳光，这意味着那里不可能有光合作用，更不可能有植物存活，有可能是一种奇特的珊瑚类生物。”

时间已过了三十多年，可是围绕海底“铁塔”这个神秘事件，却一点消息也没有了。人们不禁要问：美国人在第二年、第三年……是否又去进行更深一步的考察研究了呢?

不久，新西兰UFO研究者们把这张照片的复制品寄给从事月球遥控探测器指令研究的美国著名航天工程师C.霍尼，请他对此作出解释。霍尼工程师凭借他多年的研究经验认为，这个神秘的水下“铁塔”是测量地球地震活动的传感器和信息转发器。而建造者并非别人，正是来自太空的外星人，他们借助安装在最深洋底的这一地震传感器和转发器能更及时更精确地将地震信息传送给他们的外星同胞。与此同时，还将其传送给世界各国的大地测量局。

那么，究竟是谁借助什么技术手段将这个水下“天线”安装在这人迹罕至的深海洋底的呢？太平洋海底“铁塔”是史前遗迹？还是外星人的杰作?

大海无底洞与黑洞有什么关系

我国一些古籍，多次提到海外有个深奥莫测的无底洞。《列子·汤问》记载：“渤海之东，不知几亿万里，有大壑焉，实惟无底之谷，其下无底，名曰归墟。八九野之水，天汉之流，莫不注之，而无增无减焉。”

印度洋“无底洞”位于印度洋北部海域，北纬5°13′、东经69°27′，半径约3海里。这里的洋流属于典型的季风洋流，受热带季风影响，一年有两次流向相反变化的洋流。夏季盛行西南季风，海水由西向东顺时针流动；冬季则刚好相反。“无底洞”（又称“死海”或“黑洞”）海域则不受这些变化的影响，几乎呈无洋流的静止状态。1992年8月，装备有先进探测仪器的澳大利亚“哥伦布”号科学考察船在印度洋北部海域进行科学考察，科学家认为“无底洞”可能是个尚未认识的海洋“黑洞”。根据海水振动频率低且波长较长来看，“黑洞”可能存在着一个由中心向外辐射的巨大的引力场，但这还有待于进一步科学考察。他们还在“无底洞”及其附近探测到7艘失事的船只。

在地中海东部的爱奥尼亚海域，有一个许多世纪以来一直在吞吸着大量海水的“无底洞”。据估计，每天“失踪”于这个“无底洞”里的海水竟有3万吨之多。为了揭开其秘密，科学家们把一种经久不变的深色染料溶解在海水中，观察染料是如何随海水一起沉下去的。接着又察看了附近的海面以及岛上的各条河、湖，满怀希望能发现这种染料的踪迹和同染料在一起的那股神秘水流，然而这些实验毫无结果。

至今谁也不知道为什么这里的海水竟然会没完没了地“漏”下去？这个“无底洞”的出口又在哪里？每天大量的海水究竟流淌到哪里去了呢？地中海“无底洞”成了千古之谜。

尽管神秘莫测，但随着科学技术的发展进步，人们总会有一天能够揭开它们的神秘面纱，把其真面目查出个水落石出。

沉没在海底的大西国是怎么回事

几千年来，在欧洲、美洲和非洲民间，广泛地流传着一个古老的传说：相传在那非常遥远的古代，地球上有一块独特而神奇的大陆，它原来是全世界的文明中心，叫做大西国。那里气候温和，土地肥沃，森林茂盛，风景绮丽。那里的人们过着富裕快乐的生活。可是，大西国是否真正存在呢？如果存在的话，它是如何神秘消失的呢？希腊大哲学家柏拉图曾在他的著作《克里齐》里提到了大西国，说这个国家曾经比利比亚和小亚细亚加在一起还要大，它的势力一直延伸到埃及和第勒尼安海。这是历史上对大西国的最早记载。

那么如此强大的大西国是如何神秘的消失的呢？柏拉图告诉我们，强大的大西国对埃及、希腊和地中海沿岸所有其他民族都发动过战争。有一次大西国对雅典发动了战争，雅典人进行了殊死的抵抗，将大西国的军队击退。不久，一场大地震使大西国沉没于波涛之中。相传，大西国的创始人是波塞冬。波塞冬娶了当时一位美丽的姑娘克莱托为妻，她为波塞冬生了10个儿子。波塞冬便把大西国分成10个部分交给他的10个儿子分别掌管，他们就是大西国最初的10名摄政王。波塞冬的长子阿特拉斯是大西国王位的继承者，最初的10名摄政王曾相约，彼此决不互动干戈，一方有难，各方支援。大西国的海岸绵长、高山秀丽、平原辽阔。大西国天然资源丰富，农作物一年可收获两次。人民大多依靠种地、开采金银等贵金属和驯养野兽为生。在城市和野外，到处是鲜花，大西国的许多人便靠提炼香水生活。在大西国的城市中，人口稠密，热闹非常。城中遍布花园，到处是用红、白、黑三种颜色大理石盖起来的寺庙、圆形剧场、斗兽场、公共浴池等高大的建筑物。码头上，船来船往，许多国家的商人都同大西国进行贸易。随着大西国越来越强盛，大西国的国王也变得野心勃勃。在贪得无厌的野心驱使下，他们决心要发动更大的战争，征服全世界。然而一场强烈的地震和随之而来的洪水，使整个大西国在一天一夜之间便无影无踪了。大西国沉没的时间，根据柏拉图在另外一本书中所记载的方法推算，大约是11150年前。

柏拉图曾多次说，大西国的情况是历代口头流传下来的，决非是他自己的虚构。据说柏拉图为此还亲自去埃及请教当时有声望的僧侣。

柏拉图的教师苏格拉底在谈到大西国时也曾说过："好就好在它是事

实，这要比虚构的故事强得多。”如果柏拉图所说的确有其事，那么这说明早在1.2万年前，人类就已经创造了文明。

但这个大西国它在哪里呢？千百年来人们对此一直怀有极大的兴趣。

到了20世纪60年代以来，在大西洋西部的百慕大海域，以及在巴哈马群岛、佛罗里达半岛等附近海底，都接连发现过轰动全世界的奇迹。

1968年的某一天，巴哈马群岛的比米尼岛附近的大西洋洋面上一片平静，海水像透亮的玻璃，一望到底。几名潜水员坐小船返回比米尼岛途中，有人突然惊叫了起来：“海底有条大路！”几个潜水员不约而同地向下看去，果然是一条用巨石铺设的大路躺在海底。这是一条用长方形和多边形的平面石头砌成的大道，石头的大小和厚度不一，但排列整齐，轮廓鲜明。这是不是大西国的驿道呢？20世纪70年代初，一群科学研究人员来到了大西洋的亚速尔群岛附近。他们从800米深的海底里取出了岩芯，经过科学鉴定，这个地方在1.2万年前，确实是一片陆地。用现代科学技术推导出来的结论，竟然同柏拉图的描述如此惊人的一致！这里是不是大西国沉没的地方呢？1974年，苏联的一只海洋考察船在大西洋下拍摄了8张照片——共同构成了一座宏大的古代人工建筑！这是不是大西国人建造的呢？

1979年，美国和法国的一些科学家使用十分先进的仪器，在百慕大“魔鬼三角”海底发现了金字塔！塔底边长约300米，高约200米，塔尖离洋面仅100米，比埃及的金字塔大得多。塔下部有两个巨大的洞穴，海水以惊人的速度从洞底流过。

这大金字塔是不是大西国人修筑的呢？大西国军队曾征服过埃及，是不是大西国人将金字塔文明带到了埃及？美洲也有金字塔，是来源于埃及，还是来源于大西国？

1985年，两位挪威水手在“魔鬼三角”海区之下发现了一座古城。在他俩拍摄的照片上，有平原、纵横的大路和街道、圆顶房屋、角斗场、寺院、河床。他俩说：“绝对不要怀疑，我们发现的是大西国！和柏拉图描绘的一模一样！”这是真的吗？遗憾的是，百慕大的“海底金字塔”是用仪器在海面上探测到的，迄今还没有一位科学家能确定它究竟是不是一座真正的人工建筑物,因为它也可能是一座角锥状的水下山峰。

直到今天,还没有任何一个考古学家宣布说,他已经在大西洋底发现了大西国的遗物。所以,直到今天,大西国依然是一个未解的千古之谜。

被海水淹没的海盗之都确有其事吗

在17世纪,牙买加皇家港口是加勒比海地区重要的城市之一,它也因为海盗和淫乱而臭名昭著。皇家港口曾经被认为是“地球上最邪恶的城市”。如今,这个邪恶城市已经被大海所吞没。

皇家港口大概位于牙买加金斯敦海湾的入口处,当地人口最高时达到1万人。当地财富主要来自于海盗业。海盗船和武装民船常常在大海上劫持从西班牙美洲殖民地返回欧洲的船只。该城市的消失并不是因为道德上的堕落,而是因为它建立在一片沙洲之上,而且高出当时的海平面不足1米。1692年,一场巨大的地震将该市震成一片废墟。城市的2/3沉入海湾,地震造成大约2000人死亡。据美国德克萨斯A&M大学考古学家唐尼·汉米尔顿介绍,“当初建造在牢固地基上的建筑物如今仍然完好无损地坐落于海水中。”

数百年来,考古爱好者对这座水下城市一直充满了好奇,希望能够从中找到当初海盗们的传奇故事。也许最具戏剧性的发现来自于20世纪60年代的一次探险,当时考古学家发现了一只怀表。怀表指针精确地定格在上午11时43分,这个时间正是那次大地震发生的瞬间。

最浅和最透明的海是同一个吗

世界上最浅的海是亚速海。它是位于乌克兰和俄罗斯南部海岸外的内陆海，向南通过刻赤海峡与黑海相连，形成黑海的向北延伸。亚速海长约340千米、宽135千米，面积约37600平方千米。流入亚速海的河流有顿河、库班河和许多较小的河流，如卡利米乌斯河、别尔达河、奥比托奇纳亚河和叶亚河。西部有阿拉巴特岬，是一片113千米长的沙洲，将亚速海与锡瓦什海隔开。锡瓦什海是将克里米亚半岛和乌克兰大陆隔开的沼泽水湾。

亚速海最深处只约14米，平均深度只有8米，是世界上最浅的海。由于顿河和库班河挟带大量淤泥，致其东北部塔甘罗格湾水深不过1米。这些大河的流入使海水盐分很低，在塔甘罗格湾处几乎是淡水。然而，锡瓦什处的海水盐分很高。亚速海的西、北、东岸均为低地，其特征是漫长的沙洲、很浅的海湾和不同程度淤积的潟湖。南岸大都是起伏的高地。海底地形普遍平坦。

亚速海属温带大陆性气候。时而严寒，时而温和，经常有雾。正常情况下，沿北岸海面通常在12月至翌年3月结冰。海流以逆时针方向沿海岸环流。由于每年河水注入量的不同，亚速海的年平均水平面差别高达33厘米。潮汐时水平面上下波动可达5.5米。

由于海水浅，混合状态极佳，甚至温暖，以及河流带入大量营养物质，因而海洋生物丰富。动物有无脊椎动物300多种，鱼类约80种，其中有鲟、鲈、欧鳊、鲱、鲂、鲻、米诺鱼、欧拟鲤和等。沙丁鱼和鳀鱼特别多。

亚速海货运量和客运量都很大，尽管某些地方太浅影响了大型远洋航业的发展。冬天用破冰船助航。主要港口有塔甘罗格、马里乌波尔、叶伊斯克和别尔江斯克。

马尾藻海最明显的特征是透明度大，是世界上公认的最清澈的海。马尾藻海远离江河河口，浮游生物很少，海水碧青湛蓝，透明度深达66.5米，个别海区可达72米。因此，马尾藻海又是世界上海水透明度最高的海。一般来说，热带海域的海水透明度较高，达50米，而马尾藻海的透明度可达66米，世界上再也没有一处海洋有如此之高的透明度。所谓海水透明度，是指用直径为30厘米的白色圆板，在阳光不能直接照射的地方垂直沉入水中，直至看不见的深度。

马尾藻海又称萨加索(葡语葡萄果的意思)海,是大西洋中一个没有岸的海,大致在北纬20°~35°、西经35°~70°,覆盖大约500万~600万平方千米的水域。马尾藻海围绕着百慕大群岛,与大陆毫无瓜葛,所以它名虽为"海",但实际上并不是严格意义上的海,只能说是大西洋中一个特殊的水域。

马尾藻海上大量漂浮的植物——马尾藻属于褐藻门、马尾藻科,是最大型的藻类,是唯一能在开阔水域上自主生长的藻类。这种植物并不生长在海岸岩石及附近地区,而是以大"木筏"的形式漂浮在大洋中,直接在海水中摄取养分,并通过分裂成片再继续以独立生长的方式蔓延开来。据调查,这一海域中共有8种马尾藻,其中有2种数量占绝对优势。以马尾藻为主,以及几十种以海藻为宿主的水生生物又形成了独特的马尾藻生物群落。马尾藻海的海水盐度和温度比较高,原因是远离大陆而且多处于副热带高气压带之下,少雨而蒸发强;水温偏高则是因为暖海流的影响,著名的湾流经马尾藻海北部向东推进,北赤道暖流则经马尾藻海南部向西部流去。

奥克兰岛的神秘海洞

公元1886年5月4日这天,澳大利亚的麦尔邦港里大大小小的各种船只穿梭往来,显得一片繁忙。只见一艘叫做"格兰特将军"号的船扯起风帆,慢慢地驶出了港口,朝着茫茫的大海深处驶去。

这艘"格兰特将军"号船上有一些旅客,还装载着黄金、皮革、羊毛和一些别的货物。它要经过新西兰的南部岛屿,开往英国的首都伦敦。

"格兰特将军"号在海上飞快地航行着。天气非常晴朗,海面上的风浪也不怎么大,真是一帆风顺。所以,在5月13日的时候,它就已经接近了新西兰南部一个叫奥克兰的岛屿。

这时候,天色慢慢地黑了下来,风也越刮越小了。"格兰特将军"号的船长命令舵手放慢了速度,朝着奥克兰岛缓缓地开了过去。

到了半夜的时候,“格兰特将军”号的船长命令舵手把船的速度放得更慢了,然后,他就干别的事情去了。整个海面上显得特别安静,只有船桅上的绳索发出一阵阵轻轻的声响。

“格兰特将军”号又往前航行了一段路程。这时候,一个负责瞻望的水手对值班的大副说:“报告大副,奥克兰岛就在眼前了。”大副抬起头仔细一看,船果然就要到达奥克兰岛了。于是,他传下命令,对舵手说:“改变航向,绕过奥克兰岛,继续前进!”舵手接到命令,立刻转舵。没想到,船却还是停留在原来的航向上,根本没动地方。舵手感到特别奇怪,赶紧一连转了几次舵柄。可是,船还是没动。这是怎么回事儿呢?原来,“格兰特将军”号已经陷到了强流当中。舵手正在惊奇的时候,忽然觉得船只被强流连推带拉飞快地朝着奥克兰岛冲了过去。船长发现情况不好,急忙赶了过来,他和所有的水手们心里非常清楚,“格兰特将军”号已经陷入了特别危险的境地,如果再不改变航向,就会撞到奥克兰岛上。船长和水手们急忙帮助舵手使出浑身的力气来转动舵柄。但是,不管他们怎么奋力想使船只

脱离险境,都不起作用。最后,只听“轰隆”一声巨响,“格兰特将军”号终于撞到了奥克兰岛的石壁上,船舵“咔嚓”一声就被折断了。

这时候,“格兰特将军”号上的旅客们正在安稳地睡着觉,被这突如其来的声响一下惊醒了。他们一个个睡眼惺忪,穿着睡衣就急急忙忙跑到了甲板上。旅客们揉着眼睛仔细一看,立刻被眼前的情景吓呆了。只见“格兰特将军”正在强烈的海流当中“滴溜滴溜”不停地打着转儿。忽然,又冲过来一股海流,冲击着船转了一个大圈以后,就朝着岛屿的另一处石壁撞了过去。更可怕的是,人们发现那个石壁上隐隐约约出现了一个黑乎乎的大海洞。那个大海洞好像要把整个“格兰特将军”号吞进去。

水手们看到那个黑乎乎的大海洞,虽然吓得两条腿一个劲儿地发软,可他们毕竟是水手,还在做着最后的努力,来挽救“格兰特将军”号,挽救船上的旅客们,也在挽救他们自己。

海流还在猛烈地冲击着“格兰特将军”号,“格兰特将军”号最后身不由己地被冲进了那个巨大的黑洞当中,前桅杆“咔嚓”一声撞到了石壁上折成了两截儿,又“轰隆”一声倒了下来,“啪”地一下砸在了甲板上。船长和旅客们感到好像是天塌地陷了一样的恐怖。接着,人们什么也听不见了,耳朵里只有那汹涌海水的吼叫声,吓得浑身哆嗦,乱成一团。他们再往周围一看,黑茫茫一片,什么也看不见,只能坐在杂乱的甲板上等待着天亮。

几个小时以后,黎明的曙光终于露了出来,天终于亮了。船长借着黎明的光线一看,“格兰特将军”号正在大海洞的洞口里边,船的桅杆紧紧地顶在海洞洞口的上部。看样子,如果不是桅杆顶在洞口上,整个船只早就被吞进去了。

现在应该怎么办呢?船长想了想,决定用救生船先把旅客们弄下船,送到岛屿上去。于是,他命令三个水手,放下了救生船。旅客们下到救生船上,划到了海洞的外边。

谁知道正在这个时候,海水开始涨潮了,汹涌的浪潮猛烈地冲击着“格兰特将军”号,发出一阵阵吓人的声响。工夫不大,“格兰特将军”号的船底就被浪潮巨大的力量冲撞出了一个大窟窿,海水顿时“咕嘟咕嘟”地涌进了船舱。“格兰特将军”号开始慢慢下沉了。

船上的旅客们看到这种情景，吓得不知道怎么办才好了，那些身体强壮的男人纷纷跳进海里想逃生。可是，那个黑乎乎的大海洞好像有一股巨大的吸引力一样，一下就把那些人吸进了海洞里。只有四个侥幸逃到了洞外的救生船上。

这时，“格兰特将军”号上没有跳船的人，大都是一些妇女、儿童和体弱的人。船长赶紧叫水手们放下一艘长艇，带着他们快逃命。没想到，水手们刚刚把长艇划出洞外，迎面涌来一阵汹涌的海浪。结果，长艇被海浪“哗”地一下打入了海底，长艇上的人们几乎全都没有了性命，只有一个叫大卫·阿斯提斯的旅客和两个水手逃到了洞外的救生船上。

海浪还在无情地冲击着“格兰特将军”号，海水还在不停地涌进船舱。最后，它终于慢慢地沉入了深不可测的海洞当中，船长和船上的人们都不见了踪影……

这些幸存者得救以后，“格兰特将军”号沉船的消息很快地传播开来了。那些沉入海底的黄金立刻吸引了好多敢于冒险的人，他们组成一个个探险队，怀着发财的梦想，陆陆续续朝着奥克兰群岛开了过来。

1890年3月26日，那个从大海洞里死里逃生的旅客大卫·阿斯提斯也带着一艘名字叫做“达芬”号的船到了奥克兰群岛。这艘船上有一个船长和4个水手。有一天，大卫·阿斯提斯看看海面上风平浪静，就对船长说：“今天是个难得的好天气，咱们是不是现在就出发呀？”听他这么一说，船长赶紧说道：“好吧，立刻出发，到那个大海洞去！” 船长、4个水手和大卫·阿斯提斯驾驶着“达芬”号，一边朝着那个大海洞前进，心里想：“要是能把那些沉入海洞的黄金找到，就可以发大财，这一辈子也就可以尽情地享受了。”不过，发财的美梦不是好做的，他们从此就一去不返了。其他到奥克兰群岛大海洞寻找黄金的探险队的船只也都一艘艘地失踪了。

至今，科学家们也未找到为什么船只会在奥克兰海洞失踪的原因。

海洋形成之谜

地球上的水究竟是从哪里来的？讨论这个问题，实际上是讨论海洋形成的问题。然而，直到今天，科学界一直存在着不同的看法。

多数的看法认为，大约在50亿～55亿年前，云状宇宙微粒和气态物质聚集在一起，形成了最初的地球。原始的地球，既无大气，也无海洋，是一个没有生命的世界。在地球形成后的最初几亿年里，由于地壳较薄，加上小天体不断轰击地球表面，地幔里的熔融岩浆易于上涌喷出，因此，那时的地球到处是一片火海。随同岩浆喷出的还有大量的水蒸气、二氧化碳，这些气体上升到空中并将地球笼罩起来。水蒸气形成云层，产生降雨。经过很长时间的降雨，在原始地壳低洼处，不断积水，形成了最原始的海洋。原始的海洋海水不多，约为今天海水量的1/10。另外，原始海洋的海水只是略带咸味，后来盐分才逐渐增多。经过水量和盐分的逐渐增加以及地质历史的沧桑巨变，原始的海洋才逐渐形成如今的海洋。这是第一种有代表性的说法。

还有一种说法是，海水来自冰慧星雨。这是美国科学家提出的一种新的假说。这一理论是根据卫星提供的某些资料而得出的。1987年，科学家从卫星获得高清晰度的照片。在分析这些照片时，发现一些过去从未见到过的黑斑，或者说是“洞穴”。科学家认为，这些“洞穴”是冰慧星造成的。而且初步判断，冰慧星的直径多在20千米。大量的冰慧星进入地球大气层，可想而知，经过数亿年，或者更长的时间，地球表面将得到非常多的水，于是就形成今天的海洋。但是，这种理论也有它不足的地方，就是缺乏海洋在地球形成发育的机理过程，而且这方面的证据也很不充分。

海洋是如何形成的，或者说，地球上的水究竟来自何方？只有当太阳系起源问题得到解决了，地球起源问题、地球上的海洋起源问题才能得到真正解决。

海洋的年龄有多大

在过去的很长时间里，人们普遍认为，海底是很古老的，它几乎和地球的年龄一样古老。然而，近几十年人们对深海的考察研究发现，这种认识是错误的。那么，海底的年龄究竟有多大呢？科学家普遍认为，洋底是年轻的，其年龄最老超不过2.2亿年，和地球45亿年的寿命相比，洋壳的历史不过是地球演化史上最近的一章。科学家对海洋年龄问题的研究还在继续之中。

人们对海洋的性质和年龄等方面的认识分歧较大，归纳起来主要有三种认识：第一种观点认为，海洋是原生的，它早在地球的地质发展的初始阶段就已经存在了。持这种看法的人认为，海洋是古老的，这是一种比较传统的看法。第二种看法认为，各大洋的年龄是不相同的，太平洋的年龄最古老，在远古时代就形成了，而其他各大洋的年龄比较年轻，它们均在古生代末期或中生代形成。第三种观点是，世界各大洋的年龄都很年轻。根据陆地地壳的海洋化假说，世界各大洋都是在古生代的末期到中生代的初期于各大陆原来的地区产生的。现在，越来越多的人赞成海底扩张理论和板块构造理论。按照这种新概念，可以肯定地说，世界各大洋均在中生代形成，所以有“古老的海洋，年轻的洋底”之说。

大洋中尺度涡之谜

1958年，英国海洋学家斯罗华为了研究海流，研制了一种自由漂浮监测系统——“中性浮子”。利用这套系统对大西洋百慕大海域的底层海流进行测量。按照平常观测到的资料分析，湾流区域内的海流，应该是一支比较稳定而且是流速较为缓慢的海流。可是利用这套新系统获得的资料令科学家们大吃一惊，这里的海流比预想的快了十多倍，而且发现有的海流出现反向流动。同时，在一个多月的时间里，海流还显示出相当大的时间变化。这一发现，震惊了海洋科学界。前苏联和美国的学者对此大惑不解，先后派出考察队进行调查，结果完全一样。显然，用传统的风海流理论无法解释这种反常现象。

到了1973年，美国成功地发射了载人“天空实验室”航天器。利用这座航天器，宇航员们拍摄到了大西洋西部热带海域内的大涡旋。这个大涡旋纵横60～80千米。同时还发现，在大涡流海域，有较强的上升流，冷的海水从百米深处不断向上涌升。由于海底的营养物质被上升流带到海面，使得大涡流海域形成了一个绝好的渔场。“天空实验室”还在其他大洋中发现类似的中尺度涡流。例如，在南美洲的西海岸、澳大利亚东部和新西兰一带海域、非洲东海岸、印度洋西北海域和南中国海海域等，都能看到这种涡流存在。这些涡流，小的直径仅几十千米，大的直径达数百千米；存在的时间有长有短，时间短的十几天，长的达千年之久。这些涡流与大洋中的环流相比，虽然只是个局部，并不显著，但它与人们在近海能见到的小旋涡相比，就非常之大了。所从，海洋科学家们称这种涡流为“中尺度涡”。大洋中尺度涡流的发现，改变了人们对海流形成机理的传统看法。它是近二三十年来人们对大洋环境的突破性认识。

大洋中尺度涡的旋转速度一般都很大，而且一面旋转，一面向前移动。它的移动方式很像台风(气旋或反气旋)。科学家估计，中尺度涡有巨大的动能，约占整个海洋流动能的80%以上。这个数字实在大得惊人。台风带来的气候变化和灾难，尽人皆知，那么，大洋中尺度涡的出现，将给海洋带来哪些变化呢？它对海洋中的动物、植物是福是祸？这些问题有待于科学家们去继续研究。

中尺度涡的发现，使传统的大洋海流理论受到挑战。由于海洋中尺度涡的出现，大洋环流的动力结构完全改变了。假如中尺度涡也像大气中的气旋或反气旋那样，是由气压不稳定的因素所引起的，那么，大洋环流的动力有可能是由中尺度涡来维持的。这就从根本上修正了风生环流的观点。

探索赤道潜流的奥秘

1951年,美国年轻的海洋学者克伦威尔和他的同事,在太平洋的赤道海域进行鲔鱼生活习性及环境条件的考察研究。考察的方式并不复杂,就是把玻璃浮子串在一起,布放在16~20千米长的海面上,每个玻璃浮子下面,挂上铅锤和若干鱼钩。白天放下去,晚上收回来。按照一般的常识,既然海流是向西流动的,布下的钓鱼工具自然应当向西漂才对。然而令人不解的事情发生了,克伦威尔布放的沉到海面下的钓具一反常规,竟一个个向海流的反方向漂着。细心的克伦威尔以为自己没有放好钓具,收起来后,又重新布放,结果还是一样的。漂浮在海面的小船受海流影响,向西漂着,而沉入海中的钓具却向东漂去。这是怎么回事呢?经过大量的资料对比,他断定,在赤道海域的表层海流之下,存在着一支像湾流那样巨大而稳定的逆向海流,这就是赤道潜流。经过各国海洋学家的艰苦努力,最终查明,赤道潜流在三大洋中都存在。它的表现形式是,沿赤道方向由西向东流动,横越三大洋。其范围是北纬2°到南纬2°之间的海域内,形成一支与赤道对称的狭窄海流。它的垂直厚度在200~300米,全年流速稳定。

虽然人们对赤道潜流已经有了初步认识,但是,仍然有不少问题有待人们去探索。例如,人们在赤道以南约南纬6°~8°,曾多次发现另外一支与赤道潜流平行的潜流,也为逆向海流。这支海流和赤道潜流又是何种关系?另外,赤道潜流与表层风海流的能量转换关系是如何进行的?这些都有待于人们去重新认识。赤道潜流对热能量的储存及对全球气候的影响机制,以及它与西部边界流的能量转换关系,这些也都是摆在海洋科学家面前的难题。

大洋锰结核矿成因之谜

海底锰结核是由英国人首先发现的。1873年2月18日,英国“挑战者”号考察船来到加纳利群岛西南约300千米的海面进行海底取样调查。结果从海底捞上来几块像黑煤球的硬块。船上的几位科学家谁都没有见过这种“黑色的卵石块”。后来,这些“黑卵石块”送回英国。经过化验分析,才知道它不是化石,而是含有大量锰,铁、铜、镍、钴等元素的矿石。后来,人们给这种矿石起名叫“大洋锰结核”或“大洋多金属结核”等。由于锰结核矿大量存在于世界各大洋之中,是海洋中最有价值的矿产,所以进入20世纪70年代后,世界上有条件的海洋国家投以巨资,对大洋锰结核矿进行调查,研究其开发的可能性。

尽管人们已经花了大量的人力和物力去研究海底锰结核,然而大洋锰结核的成因之谜,仍未解开。科学家提出种种成因假说,但是,每种假说都有其不够完善的地方。

关于锰结核成因问题的研究,主要是围绕着三个问题进行:什么是锰结核构成元素供给源?锰结核的沉积地点是怎样形成的?锰结核的生长机理是什么?

关于锰结核的金属供应源问题,科学家提出四种方式:一是大陆或岛屿上岩石风化后分解出了金属离子,被风或是河流带入海洋。二是海底火山、海底风化和水溶液可以为锰结核提供所需的金属元素。三是海水本身是盐类溶液,它可能是最重要的金属元素供应源。四是宇宙尘埃等外空物质也能形成锰结核的元素供给源,尽管它的数量不大。

这些元素通过各种渠道和不同的搬运方式,来到具备形成锰结核的“核”上,经过漫长的岁月,形成了结核,最后形成大小不等的锰结核。在研究这些金属元素的搬运方式上,科学家们没有多大的争议,大家都赞成是通过海水溶解后来到锰结核的“核”上的。然而,科学家对锰结核的生长机理,却存在着较大的分歧。围绕着锰结构的生长机理,人们提出了种种的理论模式,概括起来,主要有三种:第一种为自生化学沉积假说,或者叫做接触氧化和沉淀说。这种观点认为,当海底的pH值增高时,氢氧化铁便会围绕一个核心进行沉淀,氢氧化铁的沉淀物可吸附锰离子,并且产生催化作用,促使二氧化锰不断生成。这种解释虽给人以启发,但是它仍有不完备的地方。第二种假说是生物成因说。这种理论的根据是,用扫描电子显微镜观察锰结核的表面和内部细微构造时,发现结核的表面有很多由底栖微生物形成的空管和微窟窿,当其形成管子时,摄取了大量的微结核于壳内。第三种假说是火山活动说。这种理论认为,火山爆发喷发出大量气体,在气体从熔岩析出过程中,伴随着大量的锰、铁、铜及其他微量金属。这些微量金属进入海水中后,沉淀出铁的含水氧化物,使锰和其他金属经过氧化富集、沉淀,形成锰结核矿。对于这种假说,有人提出:很多非火山活动海域内,也发现大量的锰结核,这又该做何种解释呢?

赤潮成因之谜

赤潮是海洋受到污染后所产生的一种生态异常现象,其直接原因是有机物和营养盐过多而引起的。赤潮,顾名思义,应当是红色的,但实际上,赤潮的颜色并不都是红色的,其颜色也是多种多样的。影响赤潮的颜色主要看引起赤潮的是哪种海洋浮游生物。由夜光虫引起的赤潮,呈粉红色或深红色。由某些双鞭毛藻引起的赤潮,呈绿色或褐色。由膝沟藻引起的赤潮,海水有时竟不会出现明显颜色变化。据统计,能引起赤潮的浮游生物有上百种,其中甲藻类是最常见的赤潮生物,有20多种。

一旦在海域内发生赤潮,会给海洋中生活的其他生物、海洋环境乃至生活在这一海域沿岸的居民造成严重危害。高度密集的赤潮生物能将鱼、贝类的呼吸器官堵塞,造成大批鱼和贝类的死亡。这些被赤潮毒死的鱼或贝类在海水中继续分泌毒素,危害其他海洋生物的生长。赤潮生物的残骸,在海水中氧化分解,大量消耗水中的溶解氧,使局部海水发臭,恶化海洋环境。如果人食用了被赤潮污染的鱼或贝,还能造成死亡。因此,防止赤潮的发生是许多海洋科学家十分关注的课题。

尽管人们已投入大量人力物力去研究赤潮,但是,时至今天,人们对引起赤潮的原因尚未完全弄清楚。赤潮发生的机理以及赤潮与各种海洋环境要素的关系,仍然是科学家们正在深入研究的课题。比如说,现在普遍认为,赤潮与海洋污染有密切关系。但是,人们在远离海岸的大洋深处也发现过赤潮,这是为什么呢?难道除了海区富养化能引起赤潮外,还有别的什么原因?再如,人们还发现,暴雨过后,海水表层盐度迅速降低,也能刺激赤潮生物的大量急剧繁殖,这又是为什么?正因为人们无法弄清楚赤潮生成的内在机理和发生规律,所以无法预报海区内发生的赤潮的灾害,以便提前防范。

海盐来源之谜

海水中的盐究竟是从哪里来的?这个问题和海水起源问题一样,始终是人们探讨的难题。直到今天,人们对这一问题的探讨也没有停止过。

绝大多数的科学家认为,海水中的盐主要有两个来源:一是盐是海洋中的原生物,在地球刚形成时,由于大量降雨和火山爆发,火山喷发出来的大量水蒸气和岩浆里的盐分随着流水汇集成最初的海洋,海水就咸了。不过,那时的海水并没有现在这样咸。后来,随着海底岩石可溶性盐类不断溶解,加上海底不断有火山喷发出盐分,海水逐渐变咸。二是陆地上河流流向大海的途中,不断冲刷泥土和岩石,把溶解的盐分带到了大海之中。据估计,全世界每年从河流带入海洋的盐分,至少有30亿吨。可是,这两种解释都有不完善的地方,特别是海盐主要来自陆地河流的输入的理论。因为人们对海洋物质组成、化学性质和江河输入的计算结果表明,两者之间的数值差非常之大。

科学家们为了说明这些差异,曾提出过种种理论加以解释,但都不能令人信服。到了20世纪70年代之后,人们从新发现的海底大断裂带上的热液反应中,似乎找到了解释的新证据。科学家对海底热液矿化学反应过程研究后发现,通过海底断裂系的水体流动速率,虽然只相当于河川径流的千分之五,但是,由于断裂聚热所产生的化学变化,却比经河川携带溶解盐所引起的变化大数百倍。海底热液反应是海盐的重要补充的说法,已经为许多海洋科学家所接受。但是,这种解释并没有最终解开海水中盐来源之谜。它只是提供海水中盐来源的一个途径,但绝不是唯一的。